以『三个第一』统筹国家创新体系效能提升

研究阐释党的二十大精神丛书

上海市哲学社会科学规划办公室
上海市习近平新时代中国特色社会主义思想研究中心 编

陈 强 裴文乾
沈天添 王倩倩
杨溢涵 吴 诗
高继卿 荣俊美 ⊙ 著

上海人民出版社

出版前言

　　党的二十大是在全党全国各族人民迈上全面建设社会主义现代化国家新征程、向第二个百年奋斗目标进军的关键时刻召开的一次十分重要的大会。这次大会系统总结了过去 5 年的工作和新时代 10 年的伟大变革，阐述了开辟马克思主义中国化时代化新境界、中国式现代化的中国特色和本质要求等重大问题，对全面建设社会主义现代化国家、全面推进中华民族伟大复兴进行了战略谋划，对统筹推进"五位一体"总体布局、协调推进"四个全面"战略布局作出了全面部署，在党和国家历史上具有重大而深远的意义。

　　为全面学习、全面把握、全面落实党的二十大精神，深刻揭示党的创新理论蕴含的理论逻辑、历史逻辑、实践逻辑，在中共上海市委宣传部的指导下，上海市哲学社会科学规划办公室以设立专项研究课题的形式，与上海市习近平新时代中国特色社会主义思想研究中心、上海市中国特色社会主义理论体系研究中心联合组织了"研究阐释党的二十大精神丛书"（以下简称丛书）的研究和撰写。丛书紧紧围绕强国建设、民族复兴这一主题，聚焦习近平新时代中国特色社会主义思想，聚焦新时代党中央治国理政的伟大实践，力求对党的创新理论进行学理性研究、系统性阐释，对党的二十大作出的重大战略举措进行理论概括和分析，对上海先行探索社会主义现代化的路径和规律、勇当中国式现代化的开路先锋进行理论总结和提炼，体现了全市理论工作者高度的思想自觉、政治自觉、理论自觉、历史自觉、行动自觉。丛书由上海人民出版社编辑出版。

丛书围绕党的二十大提出的新思想新观点新论断开展研究阐释，分领域涉及"第二个结合"实现之路、中国式现代化道路、五个必由之路、中国共产党的自我革命、斗争精神与本领养成、国家创新体系效能提升、中国特色世界水平的现代教育探索、人民城市规划建设治理、超大城市全过程人民民主发展、数字空间安全、长三角一体化发展示范区等内容，既有宏观思考，也有中观分析；既有理论阐述，也有对策研究；既有现实视野，也有前瞻思维。可以说，丛书为学习贯彻习近平新时代中国特色社会主义思想和党的二十大精神提供了坚实的学理支撑。

丛书的问世，离不开中共上海市委常委、宣传部部长、上海市习近平新时代中国特色社会主义思想研究中心主任、上海市中国特色社会主义理论体系研究中心主任赵嘉鸣的关心和支持，离不开市委宣传部副部长、上海市习近平新时代中国特色社会主义思想研究中心常务副主任、上海市中国特色社会主义理论体系研究中心常务副主任潘敏的具体指导。上海市哲学社会科学规划办公室李安方、吴净、王云飞、徐逸伦，市委宣传部理论处陈殷华、俞厚未、姚东、柳相宇，上海市习近平新时代中国特色社会主义思想研究中心叶柏荣等具体策划、组织；上海人民出版社编辑同志为丛书的出版付出了辛勤的劳动。

"全面建设社会主义现代化国家，是一项伟大而艰巨的事业，前途光明，任重道远。"希望丛书的问世，能够使广大读者加深对中华民族伟大复兴战略全局和世界百年未有之大变局、对中国共产党人更加艰巨的历史使命、对用新的伟大奋斗创造新的伟业的认识，能够坚定我们团结奋斗、开辟未来的信心。

目　录

绪 论

————————————————————

习近平总书记在党的二十大报告中指出："坚持创新在我国现代化建设全局中的核心地位。完善党中央对科技工作统一领导的体制，健全新型举国体制，强化国家战略科技力量，优化配置创新资源，优化国家科研机构、高水平研究型大学、科技领军企业定位和布局，形成国家实验室体系，统筹推进国际科技创新中心、区域科技创新中心建设，加强科技基础能力建设，强化科技战略咨询，提升国家创新体系整体效能。"① 在党的坚强领导下，我国顺利完成第一个百年奋斗目标，开启了迈向第二个百年目标的新征程。在新征程中，国家创新体系肩负新的历史使命，面临新的发展机遇和挑战，亟待提升整体效能。

提升国家创新体系整体效能是一项复杂的系统工程，涉及多元主体协同、各类要素整合、各种能力集成，以及多重机制联动，需要进行全面和深入的思考和研究，不断形成体系化认识，进行全局谋划，系统施策。

————————————————————

① 习近平：《高举中国特色社会主义伟大旗帜 为全面建设社会主义现代化国家而团结奋斗——在中国共产党第二十次全国代表大会上的报告》，中国政府网，https://www.gov.cn/xinwen/2022-10-25/content_5721685.htm，2022 年 10 月 25 日。

第一节　国家创新体系的缘起及相关研究

1987 年，英国经济学家克里斯托曼·弗里曼（C. Freeman）首次明确提出国家创新体系（National Innovation System）的概念，将其定义为"公共部门和私人部门中的机构网络，其活动及相互作用激发、引入、改变和扩散着新技术"[①]。根据经济合作与发展组织（OECD，1999）对国家创新体系的定义，国家创新体系是指，参加新技术发展和扩散的企业、大学、研究机构及中介组成的为创造、储备及转让知识、技能和新产品的相互作用的网络系统。

在国内，国家创新体系的概念最早出现在《国家中长期科学和技术发展规划纲要（2006—2020 年）》中，指的是以政府为主导、充分发挥市场配置资源的基础性作用、各类科技创新主体紧密联系和有效互动的社会系统。具体包括技术创新体系、知识创新体系、国防科技创新体系、区域创新体系、科技中介服务体系五个子体系。

一、国家创新体系的内涵与构成

我国于 20 世纪 90 年代开始有学者着手开展国家创新体系的相关研究。张俊芳等认为国家创新体系与其他的创新体系最大的不同在于：一是站在国家的角度探讨国家内部各要素对创新的影响；二是国家创新体系侧重于研究非企业组织和制度对创新的作用和影响，为国家制定政策

[①] Freeman C., *Technology Policy and Economic Performance: Lessons from Japan*, London: Printer Publishers, 1987, pp.1—5.

服务。① 巨文忠等认为国家创新体系与区域创新体系的核心都是创新，但是在层次、内涵等方面存在差异。② 赵建生等认为国家创新体系是由一组相对独立又功能相关的机构和部门之间相互作用而形成的开放的网络系统，其构成要素包括创新活动的行为主体，以及各行为主体间的相互作用。③ 根据此定义，国家创新体系包括以下六个方面：以企业为主体的技术创新体系、以科研院所和高等学校为主体的知识创新体系、以政府为主体的制度创新体系、社会化网络化的科技中介服务体系、金融与创新、作为基础设施的信息网络。在 2016 年颁布的《"十三五"国家科技创新规划》中，从创新主体、创新基地、创新空间、创新网络、创新治理、创新生态六个方面提出建设国家创新体系的要求。

二、国家创新体系中的多主体及其协同

国家创新体系涉及企业、高校、科研机构、政府机构、社会组织多种类型主体，分别发挥不可或缺的作用。学者们对此进行了系统且深入的观察和思考。李哲认为企业是科技与经济发展紧密结合的载体，提升企业技术创新能力，强化企业技术创新主体地位，是深化科技体制改革的核心任务之一。④ 陈劲等基于国家创新生态系统建设，提

---

① 张俊芳、雷家骕：《国家创新体系研究：理论与政策并行》，《科研管理》2009 年第 4 期。
② 巨文忠、张淑慧、赵成伟：《国家创新体系与区域创新体系的区别与联系》，《科技中国》2022 年第 3 期。
③ 赵建生：《论我国大学知识创新链的中断及其应对策略》，《现代管理科学》2010 年第 3 期。
④ 李哲：《科技创新政策的热点及思考》，《科学学研究》2017 年第 2 期。

出加速国企创新发展的六大典型路径。① 柳卸林等指出高校和科研机构的行政化和同质化是制约其向世界一流水平发展的重要因素。② 张凤娟等研究发现，以色列国家创新体系的每一个子系统都离不开高等教育。③ 杨书卷则对于世界科技社团在国家创新体系中的作用进行了研究。④

樊春良等认为基于对创新过程的理解，不同主体之间相互学习和相互作用显得尤为重要。⑤ 目前我国仍存在各主体、各子系统之间的开放协同度不够、知识分布不均衡等问题。⑥ 政府在国家创新体系中扮演着不可或缺的角色，政府效能对国家创新能力有着显著的正面促进作用。⑦

三、创新体系的治理

2005 年，经济合作与发展组织出版的《创新系统的治理》提出，

---

① 陈劲、尹西明：《建设新型国家创新生态系统加速国企创新发展》，《科学学与科学技术管理》2018 年第 11 期。

② 柳卸林、丁雪辰、高雨辰：《从创新生态系统看中国如何建成世界科技强国》，《科学学与科学技术管理》2018 年第 3 期。

③ 张凤娟、徐甜甜、宣勇：《以色列高等教育在国家创新体系中的作用及启示》，《教育评论》2020 年第 11 期。

④ 杨书卷：《世界科技社团在国家创新体系中的作用》，《科技导报》2022 年第 5 期。

⑤ 樊春良、樊天：《国家创新系统观的产生与发展——思想演进与政策应用》，《科学学与科学技术管理》2020 年第 5 期。

⑥ 冯泽、陈凯华、陈光：《国家创新体系研究在中国：演化与未来展望》，《科学学研究》2021 年第 9 期。

⑦ 臧雷振：《政府治理效能如何促进国家创新能力：全球面板数据的实证分析》，《中国行政管理》2019 年第 1 期。

公共治理意味着"公共部门与私人部门之间的界限及其内部的界限已经变得模糊不清"。治理包括五个维度的观点：（1）治理的行动者有多个来源，包括来自政府但又不限于政府的社会公共机构和行为者；（2）治理意味着，在寻求解决方案的过程中，存在着界限和责任方面的模糊性；（3）治理明确肯定，在涉及集体行为的各类公共机构间存在着权力的相互依赖关系，各主体间需要形成一个自三的治理网络；（4）治理意味着，办好事情的能力并不仅仅限于政府的权力及其权威；（5）关键在于政府能否动用新的工具和技术，这种新的工具和技术就是治理。

　　关于国家创新体系治理的研究主要集中在欧美发达国家，[①] 近年来越来越多的学者将目光转向亚洲新兴工业化国家、发展中国家以及经济转型国家。[②] 不少学者认为，与发达国家相比，这些研究更加关注创

①　沈桂龙：《美国创新体系：基本框架、主要特征与经验启示》，《社会科学》2015
　　年第 8 期；杨庆峰：《瑞典创新模式的历史特征分析》，《社会科学》2015 年第 8
　　期；陈强：《德国科技创新体系的治理特征及实践启示》，《社会科学》2015 年第
　　8 期；周艳、赵黎明：《典型国家的创新体系比较研究》，《天津大学学报》（社会
　　科学版）2020 年第 6 期；王胜华：《英国国家创新体系建设：经验与启示》，《财
　　政科学》2021 年第 6 期；方晓东、董瑜：《法国国家创新体系的演化历程、特点
　　及启示》，《世界科技研究与发展》2021 年第 5 期。
②　李强、余吉安：《日韩国家创新体系研究及我国的启示》，《科学管理研究》2017
　　年第 3 期；张倩红、刘洪洁：《国家创新体系：以色列经验及其对中国的启示》，
　　《西亚非洲》2017 年第 3 期；倪好、田京：《构建国家创新体系：柬埔寨高校的
　　角色与挑战》，《比较教育研究》2017 年第 7 期；吕瑶、刘洪钟：《波匈捷国家创
　　新体系国际化模式及与中国的比较》，《工业技术经济》2018 年第 9 期；王溯、
　　任真、胡智慧：《科技发展战略视角下的日本国家创新体系》，《中国科技论坛》
　　2021 年第 4 期；罗雪英、蔡雪雄：《日本国家创新体系的构建与启示——基于科
　　技—产业—经济互动关系的分析》，《现代日本经济》2021 年第 1 期。

新系统的差异及其特有的体系结构，尤其强调不同发展阶段的不同特征。[①] 冯泽等对于国家创新体系研究在中国的发展进行了梳理和归纳，并将其划分为引入期、探索期、发展期、新时期四个阶段。[②]

许多学者提出创新体系治理应体现开放性，要营造开放包容的创新生态。樊春良主张通过对外开放和国际合作，促进中国科学进入全球科学与创新的网络中，提升国家创新能力。[③] 刘云等从政策角度对国家创新体系国际化展开分析，认为创新制度国际化的顶层政策部署仍有完善空间。[④] 吕薇等认为提升全社会创新动能，需要进一步扩大创新体系开放度，高效利用全球创新资源。[⑤] 刘云等对国家创新体系国际化政策协同关系进行了较为系统和深入的研究。[⑥]

四、国家创新体系的转型与发展

陈劲认为我国在国家创新体系建设方面虽已取得突出的成就，但仍存在着战略定位不高、顶层设计不具体等问题。建设科技强国，迫切需

---

① 张俊芳、雷家骕：《国家创新体系研究：理论与政策并行》，《科研管理》2009 年第 4 期。

② 冯泽、陈凯华、陈光：《国家创新体系研究在中国：演化与未来展望》，《科学学研究》2021 年第 9 期。

③ 樊春良：《对外开放和国际合作是如何帮助中国科学进步的》，《科学学与科学技术管理》2018 年第 9 期。

④ 刘云、黄雨歆、叶选挺：《基于政策工具视角的中国国家创新体系国际化政策量化分析》，《科研管理》2017 年第 1 期。

⑤ 吕薇、马名杰、戴建军、熊鸿儒：《转型期我国创新发展的现状、问题及政策建议》，《中国软科学》2018 年第 3 期。

⑥ 刘云、张孟亚、翟晓荣、杨亚宇：《国家创新体系国际化政策协同关系研究》，《中国科技论坛》2022 年第 3 期。

要构建新型的国家创新体系。① 马名杰等专家学者从建设国家创新体系
的核心问题、引领型国家创新体系的重点任务、自主可控的国家开放创
新体系建设的核心内容、打造区域高水平"创新极"、培养与发现创新
人才、借鉴国际经验等角度对新时代国家创新体系建设进行了探讨。②
陈芳等认为当前中国正在迈入向"创新驱动"转型的关键时期，经济正
在高质量发展，迫切需要加强国家创新体系转型、建设，构建新的治理
思路。③ 高旭东则提出进一步完善国家创新体系的思路。④ 樊春良提出
建设面向高水平科技自立自强国家创新体系的几个重要方面：创新主体
的定位；强化战略科技力量，探索构建新型举国体制；加强交流合作，
促进开放创新；建设创新体系有效运行的多层次环境，促进国家创新体
系的管理向治理转变。⑤

---

① 陈劲：《关于构建新型国家创新体系的思考》,《中国科学院院刊》2018 年第
33 期。

② 马名杰：《新时期国家创新体系建设重在解决三大核心问题》,《中国科技论坛》
2018 年第 9 期；郭铁成：《建设引领型的国家创新体系》,《中国科技论坛》2018
年第 9 期；李纪珍：《构建自主可控的国家开放创新体系》,《中国科技论坛》
2018 年第 9 期；骆大进：《建设区域创新体系　打造高水平"创新极"》,《中国
科技论坛》2018 年第 9 期；李群：《加紧培养造就自主创新人才》,《中国科技论
坛》2018 年第 9 期；李哲：《借鉴国家创新体系建设的国际经验》,《中国科技论
坛》2018 年第 9 期。

③ 陈芳、万劲波、周城雄：《国家创新体系：转型、建设与治理思路》,《科技导报》
2020 年第 38 期。

④ 高旭东：《健全新型举国体制的基本思路与主要措施》,《人民论坛·学术前沿》
2023 年第 1 期。

⑤ 樊春良：《面向科技自立自强的国家创新体系建设》,《当代中国与世界》2022 年
第 3 期。

五、创新体系的测度

不少学者尝试对创新体系进行定量研究。郭淡泊等将数据包络分析（DEA）方法和样本选择（Tobit）模型相结合，研究国家创新体系的效率和影响因素。研究结果表明，发达国家的创新体系的效率要明显高于发展中国家，并且效率影响因素针对发达国家和发展中国家在不同的效率阶段影响有着显著差别。[1] 刘建华等基于国家创新体系理论，以中国为例，引入动态随机一般均衡（DSGE）模型方法，建立企业、高校（包括科研院所）、政府、金融、中介和国外六部门的国家创新体系行为模型组，构建预期效用函数和拉格朗日函数，进而构建由 26 个模型组成的国家创新体系的 DSGE 模型体系，运用贝叶斯方法、计量经济学方法等进行参数估计，并在模拟仿真和政策实验的基础上，对中国到2025 年的国家创新体系主要状态变量和控制变量的发展目标进行了预测。[2] 李勃昕等认为，中国创新绩效评价以市场化角度强调投入产出收益率，更多体现的是 "中国制造" 绩效，缺乏对自主技术的关注。[3] 李雨晨等对国家创新体系在科学创造、技术开发、产业发展和条件支撑等方面所形成的合力进行测度。[4]

---

[1] 郭淡泊、雷家辅、张俊芳等：《国家创新体系效率及影响因素研究——基于DEA—Tobit 两步法的分析》，《清华大学学报：哲学社会科学版》2012 年第 2 期。

[2] 刘建华、苏敬勤、姜照华：《基于 DSGE 模型的中国国家创新体系发展的仿真与预测》，《系统管理学报》2016 年第 5 期。

[3] 李勃昕、韩先锋：《新时代下对中国创新绩效的再思考——基于国家创新体系的"金字塔"结构分析》，《经济学家》2018 年第 10 期。

[4] 李雨晨、陈凯华：《面向创新链的国家创新力测度体系构建研究——多维创新指数的视角》，《科学学与科学技术管理》2019 年第 11 期。

六、战略科技力量与新型举国体制建设

战略科技力量是具有基础性、战略性使命的科技创新"国家队"。温珂等从社会网络分析的网络规模和中介作用两个维度将公立科研机构在国家创新系统中的角色区分为探寻者、合伙人、经济人、架构师四种类型。[①] 岳昆等和常旭华等分别从国家实验室的管理体系和地方支持机制入手探讨其建设策略。[②] 孟溦等基于资源依赖和社会影响力的双重视角构建了新型研发机构的绩效分析框架。[③] 新型举国体制是打好核心技术攻坚战的制度保障。[④] 雷丽芳等对科技举国体制的内涵和特征进行剖析。[⑤] 曾婧婧等分析"揭榜挂帅"制度中"榜"与"帅"的匹配特征，发现"榜"与"帅"都集中于区域内部。[⑥] 邓雨亭等研究发现完善的专利制度设计为国家创新体系的价值创造功能提供重要保障。[⑦]

[①] 温珂、刘意、潘韬等：《公立科研机构在国家创新系统中的角色研究》，《科学学研究》2023 年第 2 期。

[②] 岳昆、房超：《地方政府支持国家实验室建设的策略研究——基于治理现代化视角》，《科学学研究》2022 年第 8 期；常旭华、仲东亭：《国家实验室及其重大科技基础设施的管理体系分析》，《中国软科学》2021 年第 6 期。

[③] 孟溦、宋娇娇：《新型研发机构绩效评估研究——基于资源依赖和社会影响力的双重视角》，《科研管理》2019 年第 8 期。

[④] 郑丽平：《加快实现高水平的自立自强》，《经济日报》2021 年 2 月 19 日。

[⑤] 雷丽芳、潜伟、吕科伟：《科技举国体制的内涵与模式》，《科学学研究》2020 年第 11 期。

[⑥] 曾婧婧、黄桂花、颜宇攀：《"揭榜挂帅"中"榜"与"帅"特征及其匹配性》，《科学学研究》2022 年 10 月 8 日。

[⑦] 邓雨亭、李黎明：《面向国家创新体系的专利保护强度影响因素研究》，《科学学研究》2021 年第 7 期。

总体来看，对于国家创新体系的研究主要聚焦于内涵解读、要素构成、主体互动与协同、创新体系治理、转型发展、系统测度等方面。对于国家创新体系建设所涉及的战略科技力量和新型举国体制的研究也逐步成为热点。但是，对于国家创新体系效能提升的研究还不多见，仍处于起步阶段，认识还有待进一步深化。党的二十大明确提出"提升国家创新体系整体效能"的工作要求。本书将在形势研判和需求把握的基础上，探索国家创新体系演进的规律性认知，分析国家创新体系整体效能提升的体制机制保障，进而为国家创新体系整体效能提升建言献策。

第二节　我国国家创新体系建设的进展

党的十八大以来，我国国家创新体系建设取得一系列成就，科技创新密集突破；已进入跟跑、并跑和领跑并存，领跑、并跑逐步增多的新阶段。国家总体科技实力快速提升，在世界知识产权组织发布的 2022 年全球创新指数排行榜中，我国的创新指数排名跃升至第 11 位。

科学研究水平和学科基础不断提升，基础研究实现多点突破，量子信息、材料、脑科学、空间科学等领域涌现出等一批重大原创成果。载人航天、探月工程、量子计算、北斗导航、深空深海探测、超级计算等关键核心技术实现突破。北斗导航卫星全球组网、特高压输电工程、复兴号高速列车、港珠澳大桥、川藏铁路等重大工程得到有力的科技支撑。2023 年 3 月，QS 全球教育集团发布 2023 年世界大学学科排名，中国内地共有 99 所高校、851 个学科上榜，上榜高校数量位居世界第 3 位，上榜学科数量也创下历史新高。2011—2021 年，中国高被引论文共计 42920 篇，全球占比 24.8%，排名全球第 2 位。据世界知识产权组织统计，2022 年中国向世界知识产权组织（WIPO）提交的国际专利申请量超过 7 万件，遥遥领先于美国的 5.91 万件，连续 4 年居世界首位。我国继续保持研发人力资源大国地位，已形成世界最大规模的科技人才体系。2022 年科学研究与试验发展（R&D）人员全时当量超过 600 万人年，连续多年位居世界首位。

战略性新兴产业发展的技术供给能力和企业创新能力不断增强。2022 年，我国高新技术企业达 40 万家，科技型中小企业达 50 万家。762 家企业进入全球企业研发投入 2500 强。华为、中车等科技领军企业的创新引领作用不断增强，越来越多的中国企业成为高科技领域的新锐力量。

诸多制约科技发展的体制机制障碍得以破除，围绕激发科研人员积极性创造性和创新主体活力，一系列改革举措陆续出台，诸如企业研发费用加计扣除比例提高到 75%，实行以增加知识价值为导向的分配政策，扩大高校和科研院所自主权，科技成果转化奖励比例提高到不低于 50%，创新主体和科研人员的积极性被充分调动起来。

科技创新的体系化能力日益增强，大学、科研院所和企业研发机构等创新主体联系日趋紧密，国家重点实验室、大科学装置等重大科创基地的布局不断优化，基础研究、技术创新、成果转化和产业化等创新活动衔接逐渐顺畅。国际科技合作的广度和深度不断拓展。创新驱动发展的格局初步形成，科技创新已成为供给侧结构性改革和经济发展新旧动能转换的重要源泉。2022年，全国技术合同成交额达到4.8万亿元。科技进步贡献率从2012年的52%提升至2022年的超过60%。区域创新日趋活跃，23个国家自主创新示范区和178个国家高新技术开发区为区域经济社会发展不断注入新动力。

第三节　我国国家创新体系面临的挑战和压力

随着内外部政治、经济、社会、技术环境的迅速变化，面对新的挑战和压力，国家创新体系逐渐暴露出一些局限性。2018年5月28日，习近平总书记在全国两院院士大会上指出："科技体制改革还存在一些有待解决的突出问题，主要是国家创新体系整体效能还不强，科技创新资源分散、重复、低效的问题还没有从根本上得到解决，'项目多、帽子多、牌子多'等现象仍较突出，科技投入的产出效益不高，科技成果转移转化、实现产业化、创造市场价值的能力不足，科研院所改革、建立健全科技和金融结合机制、创新型人才培养等领域的进展滞后于总体进展，科研人员开展原创性科技创新的积极性还没有充分激发出来，等等。"[1]

当前，我国在关键核心技术领域受制于人的局面没有得到根本改

---

[1] 习近平：《在中国科学院第十九次院士大会、中国工程院第十四次院士大会上的讲话》，新华网，http://www.xinhuanet.com//politics/2018-05/28/c_1122901308.htm?from=timeline&isappinstalled=0，2018年5月28日。

变。譬如，2021 年，我国芯片进口创纪录地接近 4400 亿美元，占 GDP 比例接近 2.45%。又如，人工智能方兴未艾，发展空间巨大，我国在数据和商业应用方面已形成一定优势。但是，与美国相比，在基础算法领域的差距仍然很大。关键核心技术领域的技术差距如果不能有效缩小或消除，将严重影响和制约我国战略性新兴产业和未来产业的发展，甚至危及国家安全和经济社会的可持续发展。因此，未来一段时间内，国家创新体系必须提升整体效能，承担起保障高质量科技供给的重要使命。

当前，国内经济依旧面临较大的下行压力，国家创新体系一方面需要不断塑造经济发展新动能，另一方面还要面对可能出现的科技财政投入缩减局面。这就更加强调创新主体间密切协同，打破学科、产业、区域、机构之间的界限，实现科技和经济的融合、科技与教育的融汇，缩短从基础研究到应用研究、从技术原型到产品开发和商业化的时间，需要所涉及的各方主体形成共同发展愿景和共同的心理意识，进而采取一致行动。显然，在发挥市场在科创资源配置方面的决定性作用的同时，必须加强国家创新体系的"治理"，"治理"已成为新时期国家创新体系建设的主题词。

近年来，随着我国综合国力和国际地位显著提升，一些西方发达国家对于中国发展的心态变得日益复杂，戒备心理迅速抬头，各种质疑和指责甚嚣尘上。在此关键时刻，应该认识到关起门来提升自主创新能力是不现实的。进一步扩大开放，提升国家创新体系的开放质量和开放效率应成为我国科技创新发展的中长期策略。当然，这种开放必须建立在新的对等能力的基础上，建立在平等对话的基础上。因此，国家创新体系必须形成新的系统能力，在不断突破关键核心技术"卡脖子"瓶颈的同时，还要锻造旨在形成制衡能力的"杀手锏"。

习近平总书记指出："科技创新活动不断突破地域、组织、技术的界限，演化为创新体系的竞争，创新战略竞争在综合国力竞争中的地位日益重要。科技创新，就像撬动地球的杠杆，总能创造令人意想不到的奇迹。当代科技发展历程充分证明了这个过程。"① 随着技术迭代加速和新一代信息基础设施的日益成熟，科技创新模式和科研组织形式的网络化、数字化、平台化及社会化趋势逐渐增强，"开源、外包、社交化、并行式"的创新体系开始推行，群体式、策略化、有组织的颠覆性创新初见端倪。科技创新领域的竞争从单纯的实体之间的竞争，逐步演化为创新生态系统之间的竞争。这一趋势无疑对国家创新体系整体效能的提升提出更高要求。

国家创新体系的整体效能如何，事关我国创新驱动发展战略的实现。自国家创新体系概念提出并启动建设至今，已取得举世公认的成就，推动了国家科技实力的迅速提升，并为经济社会发展注入强劲动力。但是，随着全球治理格局演化、经济发展、社会变迁及科技进步，国家创新体系的局限性也次第出现，提升效能的重要性开始凸显。因

---

① 习近平：《在中国科学院第十七次院士大会、中国工程院第十二次院士大会上的讲话》，中国政府网，https://www.gov.cn/govweb/xinwen/2014-06/09/content_2697437.htm，2014年6月9日。

此，加强对提升国家创新体系整体效能的研究，对于深入实施创新驱动发展战略，实现本世纪中叶建成富强民主文明和谐美丽的社会主义现代化强国的奋斗目标，具有重要的理论研究意义和实践参考价值。

第四节　本书研究的主要内容

在迈向第二个百年奋斗目标的新征程中，国家创新体系将面临一系列新的压力和挑战，应不断深化对科技创新发展的趋势研判，以及对国家创新体系演进的规律认识，把握好国家在总体安全、提供高质量发展科技保障、满足人民群众日益增长的美好生活需要等方面的重大战略需求。在内外部环境不确定性和不稳定性持续增加的新形势下，国家创新体系亟需形成体系化能力。分析和识别出影响其效能提升的核心问题，找到体制机制突破口是关键。因此，本书将着重从以下六个方面开展研究。

一、国家创新体系整体效能的内涵解析与演进规律

本书将依托科技创新政策、新制度经济学、国家创新体系、复杂系统理论、创新生态及其治理等领域的基础理论，运用文献资料分析和政策研究、国内外相关资料收集和比较分析、重点区域和机构调研、专家座谈和深度访谈等手段，从国家逻辑—市场逻辑和社会逻辑的视角，加深对国家创新体系整体效能内涵的理解和认识。并从时间和空间维度出发，运用分阶段的"压力（Pressure）—状态（Status）—反应（Response）"的分析框架，探索并揭示国家创新体系的演进规律。

二、国家创新体系中"三个第一"的耦合关系及互动机理

国家创新体系的演进是与国内外环境紧密互动的结果，其整体效能提升实质上是一个复杂的多目标、多约束、动态优化问题，需要根据形势变化和国家战略需求不断调整策略。在国家创新体系的演进过程中，制度性安排的影响至为深刻。因此，国家创新体系整体效能提升离不开相应的体制机制支撑。本书将围绕教育—科技—人才"三位一体"的体系建构，针对科学技术作为"第一生产力"、人才作为"第一资源"、创新作为"第一动力"，三者之间的耦合关系和互动机理开展系统深入的研究。

三、国家创新体系整体效能提升面临的形势与任务

科技进步日新月异，科学研究范式和科技创新模式不断迭代升级，科技和产业的竞争已演变为体系与体系、生态与生态之间的竞争。近年来，国际政治、经济和社会形势波诡云谲，持续发生深刻变化。本书将从新一轮科技革命和产业变革的规律认知、趋势研判及需求把握出发，对国家创新体系整体效能提升面临的形势和任务进行深入分析。

四、国家创新体系建设的国际经验借鉴及评估分析

国家创新体系整体效能提升是体系化能力的建构过程。本书将对美国、德国、日本国家创新体系的发展历程进行比较分析，梳理和分析其中可以借鉴的经验和做法，并从韧性、张力、活力、弹性、黏度等体系特性视角切入，对于美国、德国、日本和中国的国家创新体系的整体效能进行评估和比较分析。

五、提升国家创新体系整体效能的总体思路和方案设计

国家创新体系整体效能提升应该表现为主体更活跃、要素更充沛、结构（机制）更合理、功能更强大。从这个角度出发，本书建立"主体互动—要素整合—能力集成—机制耦合"的分析框架，增进对国家创新体系效能提升的整体性认识，进而形成提升国家创新体系整体效能的总体思路，并据此进行方案设计。

六、提升国家创新体系整体效能的策略选择及重点举措

本书通过政策研究、重点区域和机构调研，以及专家讨论会和深度访谈，增进对于国家创新体系整体效能提升目标内涵的认识，在此基础上形成效能提升的总体构想，对国家创新体系整体效能提升的体制机制进行多维度的探索性研究，进而提出国家创新体系效能提升的策略选择及重点举措。

本书旨在通过以上内容的研究，为进一步完善国家创新体系、提升体系整体效能提供理论支撑，为习近平新时代中国特色社会主义思想在科技创新治理领域的理论阐释和实践探索作出贡献。

第一章

国家创新体系整体效能的内涵解析与演进规律

　　《国家中长期科学和技术发展规划纲要（2006—2020 年）》指出："国家创新体系是以政府为主导、充分发挥市场配置资源的基础性作用、各类科技创新主体紧密联系和有效互动的社会系统。"① 自 2006 年"建设创新型国家"战略提出后，我国紧密联系不同时期的创新活动规律认知和经济社会发展需求，逐步推进对科技创新活动的引导、激励和规范，体系化建设进一步加强。从战略思想到决策方针、政策部署，我国国家创新体系日趋健全。

　　在新一轮科技革命和产业变革深化发展的现实背景下，新兴科学技术呈现出迭代周期缩短、扩散方式多样等新特征，科技创新领域的竞争正逐渐演变为创新体系之间的竞争。我国在人工智能、量子信息科学等越来越多的前沿科技领域被美国等发达国家视为有力的竞争对手，在科技创新活动的诸多环节上遭遇遏制和打压。面对复杂严峻的国际科技竞争态势，如何保持中国"加速度"，向创新型国家前列迈进，将影响下一步国家创新体系建设的走向和布局。

---

① 　中华人民共和国国务院：《国家中长期科学和技术发展规划纲要（2006—2020 年）》，中国政府网，https://www.gov.cn/jrzg/2006-02/09/content_183787.htm，2006 年 2 月 9 日。

2021 年 12 月，全国人民代表大会常务委员会通过《中华人民共和国科学技术进步法》第二次修订，修订后的《中华人民共和国科学技术进步法》将国家创新体系写入总则第 4 条，对国家完善高效、协同、开放的国家创新体系，增强创新体系整体效能进行论述，体现对国家科技创新体系理论和实践的进一步认识。2022 年 10 月 16 日，习近平总书记在党的二十大报告中指出："完善党中央对科技工作统一领导的体制，健全新型举国体制，强化国家战略科技力量，优化配置创新资源，优化国家科研机构、高水平研究型大学、科技领军企业定位和布局，形成国家实验室体系，统筹推进国际科技创新中心、区域科技创新中心建设，加强科技基础能力建设，强化科技战略咨询，提升国家创新体系整体效能。"[①] 这一论述对理解急剧变化的国内外形势、把握实现高水平科技自立自强的重点和方向、应对接踵而来的风险与挑战具有重要的指导意义。

提升国家创新体系整体效能，涉及多元主体协同、各类要素整合、各种能力集成以及多重机制联动。本章从剖析国家创新体系整体效能的内涵出发，总结其演进规律，并提出整体效能提升的实现机制。

第一节　内涵解析：从"国家创新体系"到 "国家创新体系整体效能"

提升国家创新体系的整体效能是多元目标、多重约束、持续动态优

[①] 习近平：《高举中国特色社会主义伟大旗帜　为全面建设社会主义现代化国家而团结奋斗——在中国共产党第二十次全国代表大会上的报告》，中国政府网，https://www.gov.cn/xinwen/2022-10/25/content_5721685.htm，2022 年 10 月 25 日。

化的一项复杂的系统工程，涉及战略决策、要素配置、力量组合、区域协同、开放合作以及生态治理等多个方面。完整、准确地理解和把握整体效能的内涵至关重要，根据一体两面的逻辑，可以从"效"与"能"两个方面对其进行解析。

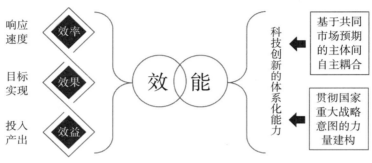

图 1-1　国家创新体系的"效"与"能"

一、"效"：效率、效果、效益

整体效能之"效"存在三个主要的理解维度，分别指向科技创新的效率、效果、效益。从管理学的角度看，对应的是时间（进度）管理、目标管理及资源（成本）管理。

效率主要体现在两个方面。一是因势而变。当科技创新的内外部环境发生重大趋势性变化时，国家创新体系在要素更新、结构再造、功能重塑等方面作出反应的速度。二是闻风而动。每当国家有时间上具有紧迫性的重大战略意图需要贯彻落实，国家创新体系在决策制定、力量集结、资源整合、应对组织、方案建构等方面表现出的响应速度。新中国成立以后，举国体制在实现极少数尖端技术领域快速突破，推动国家现代化建设和确立关键领域国际地位方面发挥了巨大作用。但是，作为一种非均衡发展战略，传统的举国体制难以避免地存在"局部最优"和"全局最优"、"短期最优"和"长期最优"等方面的矛盾。探索新型举国体制，必须在社会主义市场经济条件下，一方面发挥"集中力量办大事"的制度优势，另一方面激发市场在配置资源中的决定性作用，在更大的时空范围内寻求效率最优。

效果主要关注目标实现程度。党的十八大以来，党中央始终把创新作为引领发展的第一动力，摆在党和国家发展全局的核心位置，确立了2020年进入创新型国家行列、2030年跻身创新型国家前列、到2050年建成世界科技创新强国的"三步走"战略目标。国家创新体系建设应服务于这一总体目标，整体效能提升的行动逻辑也应围绕这一目标展开。世界科技强国的建设成效可以从前沿科学领域的原创力、关键核心技术的突破力、国家总体安全的支撑力、现代化产业体系的国际竞争力、高等级创新要素的吸引力、高水平科技活动的组织力、开放创新生态的引领力、全球科技治理的影响力等方面来评价和衡量，同理，国家创新体系整体效能也可以从上述几个方面来评价。

效益更多从投入产出的角度考虑，指的是为实现上述目标所付出的代价高低，所耗费的资源多少。据世界知识产权组织发布的《全球创新指数2022》，我国科技创新综合排名已跃居全球第11位，但是科技投入产出的效率并不理想。在建设世界科技强国的新征程中，既要关注国家创新体系的条件和能力建设，不断强化教育、科技、人才三大基础性、战略性支撑，持续加大研发尤其是基础研究领域的投入强度，进一步布局和建设新的大科学设施，也要更多考虑条件和能力建设投入的经济性问题，诸如科技进步贡献率、战略性新兴产业增加值 GDP 占比、制造业增加值率等指标的提升，以及能源资源消耗率、对外技术依存度等指标的降低。当然，科技创新领域的投入产出效益有别于其他领域，科学前沿探索和技术演进的形势瞬息万变，经常会发生"资本沉没"和"机会损失"，对此要有充分的认识和思想准备。另外，效益不能仅仅考量经济性，还要从科技与社会的关系角度出发，充分考虑科技创新所引致的社会进步和民生福祉增量。

二、"能"：体系化能力

整体效能之"能"强调科技创新的体系化能力，可以从三个维度理解：在政治维度上，指的是保障国家总体安全的能力；在经济维度上，指的是为高质量发展不断提供新动能的能力；在社会维度上，指的是满足人民群众日益增长的美好生活需要的能力。一般情况下，科技创新的体系化能力有两种较为典型的形成逻辑，一种是不同类型创新主体基于共同市场预期的互动与合作，实现创新链、产业链、资金链、人才链之间，以及链上各环节之间的动态适配和自主耦合，进而演化成为具有重要产业领域核心竞争力的世界级创新产业集群，深度融入全球经济版图。另一种是根据国家重大战略意图，在关乎国家安全和国计民生的关键领域，通过一系列的政策设计和制度安排，组建面向特定领域的战略科技力量，实现核心技术攻关、基础材料研发、关键装备和仪器研制、软件开发、工艺改进、管理提升等方面的接续联动，形成一体化的集群式突破能力。同时，"能"也可以分解为一系列指向复杂任务情境下解决具体问题的能力，包括战略决策和前瞻部署能力、集聚和开发利用高能级创新要素的能力、大科学设施的布局建设和运营能力、协调各方面力量行动的能力、不同类型主体的自主创新能力、重大科技活动的组织实施能力、创新生态的构建和治理能力、推动区域创新协同的能力、深度参与全球科技治理的能力。

当前，全球科技和产业合作遭遇"脱钩断链"的严峻挑战，在这种情况下，"能"又体现为一旦形势趋于恶化，保证重要科技活动和关键产业体系正常运转，并在关键时刻采取必要反制举措的能力。再进一步考虑，在全球存量市场竞争进入白热化阶段，对立和矛盾日益加剧的形势下，"能"还有更高层次的呈现形式，那就是通过推进高水平的制度型开放，在更大范围内达成合作共识，凝聚各方力量，寻求新兴科技和产业领域的重大突破，拓展增量市场空间，造福人类命运共同体。

在国家创新体系整体效能提升中，"效"与"能"是辩证统一的关系，两者之间相互支撑，彼此促进。不断深化对"效"与"能"的内涵及其互动机理的认识，有助于识别出提升国家创新体系整体效能的着力点及关键路径。

第二节　演进规律：理论与实践融合共进

国家创新体系经过长期发展，不断彰显效率、效果、效益。

一、国家创新体系发展历程

（一）2006—2012 年：转型发展与体系构建

进入 21 世纪后，信息科技的飞速发展，创造了更加高效的知识生产、存储、处理、传播和应用手段，深刻影响着人类的生产方式、生活方式和社会治理方式。经济社会发展需求与全球市场竞争使得科学与技术的联系日趋紧密，产学研结合、全球竞争与合作已成为当代科技创新的潮流。受金融危机影响，依靠科技创新应对危机、以科技创新助推产业变革的重要性凸显，科技创新突破和新一轮科技革命加速到来。彼时，我国依靠廉价劳动力的比较优势，处于产业链低端；我国在能源、水等重要资源中的人均占有率严重不足，发展所面临的资源约束日益严重。长期粗放式经济增长方式导致我国人与自然的关系趋于紧张，也对促进转变经济增长方式和提高经济增长质量提出重大挑战。必须依靠科学技术进步，进一步增进对人与自然互动关系的科学认识，有力支撑我国经济社会全面协调可持续发展。

自 20 世纪 80 年代以来，"以市场换技术"策略使我国许多领域的产品结构和技术水平发生显著变化，有效拉动经济增长。但随着我国技术水平提高、与西方国家技术差距缩小，完全依靠引进技术和境外直接投资难以真正"换"到高新技术或关键核心技术。特别是在能源、电力、采矿、钢铁、纺织、化工等行业，包括数控机床、光纤制造设备、集成电路等在内的关键装备和技术储备不足，使得我国经济建设和高技术产业发展受到制约。我国相当一部分企业还难以担当技术创新主体的重任，侧重技术引进而轻视了消化吸收再创新，关键领域自给技术占比低，易陷入"引进—落后—再引进—再落后"的恶性循环，[1] 形成对外

---

[1] 路甬祥：《走中国特色自主创新之路建设创新型国家》，《中国科学院院刊》2006年第 5 期；陈建辉：《创新中国——〈国家中长期科学和技术发展规划纲要（2006—2020 年）〉出台始末》，《经济日报》2019 年 1 月 16 日。

资的技术依赖，难以对我国科技竞争力有实质性的提升作用。此外，知识产权保护力度的不足也降低了企业开展技术创新的动力，[①] 侵害知识产权现象大量存在，市场主体运用知识产权能力不强。

随着知识经济的发展，从科学发现、技术创新到商业应用的周期越来越短，对知识传播并转化为现实生产力的速度提出要求，我国产学研合作和科技成果转移转化机制尚需进一步优化。除部分大企业拥有研发中心外，多数中小企业缺乏研发实力，从而难以取得大量新技术和新成果；与企业相比，高校、科研机构存在明显技术优势，但更倾向于以单纯的技术为导向，在研发活动中注重技术参数、指标的先进性，对市场需求的经验和认识不足，使得科研成果缺乏足够的市场竞争力。[②] 产学研合作正是优势资源整合的一种有效途径。然而，许多有价值的科技成果束之高阁且科技信息交流不畅。[③] 从管理体制来看，部门、科研机构间条块分割依然存在，缺乏促进产学研合作的系列政策、法规和相应配套措施；从体系建设来看，产学研合作链条尚未完全形成，中介服务体系建设滞后，难以匹配产学研合作的供需双方。

2006 年，《国家中长期科学和技术发展规划纲要（2006—2020年）》发布，明确提出全面推进国家创新体系建设。在该规划纲要形成

---

① 吉昱华、杨克泉、马松：《跨国公司技术转移与中国技术进步——从"以市场换技术"到"以市场培育技术"的转变》，《重庆社会科学》2006 年第 4 期。

② 陈建辉：《创新中国——〈国家中长期科学和技术发展规划纲要（2006—2020年）〉出台始末》，《经济日报》2019 年 1 月 16 日。

③ 白庆华、赵豪迈、申剑、刘云兵、张希胜：《产学研合作法律与政策瓶颈问题分析》，《科学学研究》2007 年第 1 期。

过程中，来自科技界、教育界、经济界和政府部门的相关人士经过多轮研讨，就一系列重要问题形成共识，促成这一针对科学和技术长远发展的全面规划和部署。该规划纲要全文 27 次提到"自主创新"。其配套政策（《实施〈国家中长期科学和技术发展规划纲要（2006—2020年）〉若干配套政策》）从财税、金融、政府采购、引进消化吸收再创新等 10 个方面提出 60 条措施，有针对性地解决当时制约自主创新的主要政策问题。2008 年 6 月，国务院发布《国家知识产权战略纲要》，将知识产权战略首次上升为国家战略，明确了我国知识产权事业的发展方向。

通过科技创新政策的周密部署，我国技术创新体系建设步伐加快，知识创新体系不断向纵深推进，知识产权战略实施力度明显加强；16 个科技重大专项全面实施，一批标志性的重大科技基础设施、大科学工程建设完成；中国发明专利授权量上升到世界第 3 位，国际科学论文总量由世界第 5 位上升到第 2 位，自主创新能力快速提升。[①] 但长期以来科技投入仍不足，高层次创新型科技人才相对缺乏，科技资源配置效率有待提高，科技发展仍存在一些薄弱环节以及与经济发展不平衡、不协调、不可持续问题，与发达国家存在明显差距。

（二）2012—2018 年：改革深化与生态改善

经过多年的积累沉淀，我国国家创新体系布局涵盖科研机构、高

---

① 陈强、沈天添：《中国科技创新政策体系演变研究——基于 1978—2020 年 157 份政策文本的量化分析》，《中国科技论坛》2022 年第 12 期。

校、企业、中介机构等各类创新主体，覆盖从基础研究、技术开发、技术转移到产业化等创新链条的各个环节，作用于供给侧、需求侧、环境侧等各个方面。[①] 具有中国特色的科技创新政策体系框架初步形成，[②] 但科技体制机制改革没有完全到位。日益复杂的科技创新活动和多管齐下的政策措施增加了跨领域、跨部门、跨区域的协调、合作难度，科技管理、科研评价、科研诚信、科技奖励、院所管理等制度亟待完善，迫切需要提升国家创新体系改革的系统性、可操作性。

早在 2009 年，时任国务院总理温家宝同志在首都科技界大会上的讲话中指出："科学选择战略性新兴产业非常关键。选对了就能跨越发展，选错了将会贻误时机。战略性新兴产业必须掌握关键核心技术，具有市场需求前景，具备资源能耗低、带动系数大、就业机会多、综合效益好的特征。"[③] 我国在诸多先进技术领域已具备一定的自主创新能力。但在技术创新方面，我国尚缺乏应对新的产业变革、引领技术发展潮流的能力，对重大产业技术路线变革导致的创新产业竞争准备不足；在应用推广方面，战略性新兴产业发展政策体系还不完善，如风能、太阳能中国的产能虽然达到世界第一，但应用严重不足、国内市场开发不足，

---

① 梁正：《从科技政策到科技与创新政策——创新驱动发展战略下的政策范式转型与思考》，《科学学研究》2017 年第 2 期。
② 徐建培：《中国创新政策近 5000 种存在"政策拥挤"现象》，《第一财经日报》，https://www.yicai.com/news/3065301.html，2013 年 10 月 28 日。
③ 新华社：《国务院总理温家宝：让科技引领中国可持续发展》，中国政府网，https://www.gov.cn/ldhd/2009-11-23/content_1471208.htm，2009 年 11 月 23 日。

对出口的依赖较大，^①无法对产业结构的调整形成较大支撑。

2012 年 7 月，《关于深化科技体制改革加快国家创新体系建设的意见》提出提升国家创新体系整体效能的总体要求。党的十八大提出实施创新驱动发展战略，强调科技创新是提高社会生产力和综合国力的战略支撑，必须摆在国家发展全局的核心位置。^②2016 年，《国家创新驱动发展战略纲要》发布，对实施创新驱动战略进行全方位的顶层设计和系统谋划。

在"创新驱动发展"战略背景下，科技创新和体制机制创新"双轮驱动"推动国家创新体系建设，协调各方主体互动及要素流动，塑造勇于创造、充满活力的社会氛围，充分发挥科技创新的乘数效应，体现对转变发展方式、调整发展结构的深刻思考。同时，政府部门也在持续探索完善自身参与机制，主动发挥职能作用，加强科技项目全过程监管与科技评估工作，促进科技创新体制机制的改进与更新，与市场机制的资源配置作用相互衔接、协调，为创新创业营造良好的社会制度环境。

以新一代信息技术、生物医药、高端装备、绿色低碳等为代表的战略性新兴产业逐渐成为引领经济高质量发展的重要引擎。2012 年 5 月，《"十二五"国家战略性新兴产业发展规划》提出七大战略性新兴产业的重点发展方向和主要任务。经过"十二五"时期的培育与发展，

---

① 万刚：《中国专利授权量居世界第三 但缺乏技术创新》，光明网，http://news.cntv.cn/20120320/103490.shtml，2012 年 3 月 20 日。

② 新华社：《中共中央 国务院印发〈国家创新驱动发展战略纲要〉》，《中华人民共和国国务院公报》2016 年第 15 期。

"十三五"期间战略性新兴产业发展的主要任务转变为创新、壮大和引领，强调创新体系的构建以及知识产权的保护和运用。

这一时期，科技创新对中国经济增长的带动作用明显增强，技术创新速度加快，规模不断扩大，新技术、新产品、新业态、新模式不断涌现。在加快经济发展方式转变、调整产业结构的过程中，节能环保、新一代信息技术、生物医药、高端装备制造、新能源汽车等战略性新兴产业快速发展，人工智能等新兴技术推动数字经济、共享经济兴起，成为经济增长新动能。

（三）2018年至今：体系保障与重点突破

2018年3月8日，特朗普政府宣布对钢铁和铝制品分别加征25％和10％的关税，拉开中美贸易战的序幕。此后，双方贸易摩擦不断升级，以中美科技博弈为核心内容的全球科技竞争愈演愈烈。一些跨国公司迫于美国的种种限制和压力，进行生产布局上的调整，使全球供应链产业链不断发生新变化。2020年，突如其来的新冠肺炎疫情对国际科技和产业合作造成冲击，也暴露出供应链产业链的脆弱性问题。受乌克兰危机的影响，地缘政治因素对于世界经济造成冲击并形成递进式效应，全球科技合作生态趋于恶化。国际科技竞争形势瞬息万变，而新一轮科技革命和产业变革下技术迭代速度明显加快，市场环境不确定性增强。进入新发展阶段，面对国内外形势变化，如何保持中国"加速度"，向创新型国家前列迈进，将影响下一步中国科技创新政策体系的走向和布局。

原始创新能力不足已经成为制约我国可持续发展的关键因素。相较于一些发达国家，我国基础研究投入主要来自中央本级财政，部分地方科技投入不到位，企业和社会力量参与不足，不利于攻克关键核心技术和开发原创性科技成果。同时，国际竞争态势的变化使得科技发展中不稳定、不确定性因素增加，我国产业链供应链的全球布局受到干扰和打压，对制度供给的保障和激励作用提出更高要求。此外，人工智能、脑科学等新兴领域的突破和数字经济、互联网金融等新业态的发展在释放巨大创新潜力的同时，也在持续挑战我国科技创新治理体系的深层次规范和监督机制。科技治理的新对象层出不穷，带来诸如互联网平台的"算法歧视"、老年群体运用信息技术存在障碍等一系列问题。部分科技伦理问题涉及生物识别信息、数据隐私，更与国家安全紧密相关，必须审慎处理和应对。我国科技创新制度供给既要为难以预估的巨大变化留好"余量"，也要牢牢把握应对风险挑战的底线。

我国不断强化国家战略科技力量，着力构建新型举国体制，攻关关键核心技术。通过发挥集中力量办大事的制度优势、发挥市场在资源配置中的决定性作用，强化国家战略科技力量，推动科技自立自强不断取得新进展。[①]2021年3月通过的"十四五"规划提出加快构建战略科技力量。在创新环境方面，《关于进一步加强科研诚信建设的若干意见》《关于加强科技伦理治理的意见》等重要文件先后颁发。2021年12月24日，第二次修订版《中华人民共和国科技进步法》通过表决，以

---

① 王钦：《健全新型举国体制（思想纵横）》，《人民日报》2022年12月8日。

国家创新体系建设提升为制度主线，对现行的科技基本性法律进行了全面、系统地更新。

二、基于"压力—状态—反应"模型的演进分析

本书引入"压力—状态—反应"（Pressure—Status—Response，PSR）模型，分析国家创新体系如何应对内外部环境变化，从资源配置机制、体制改革与政策供给等方面作出反应。其中，压力（Pressure）指受到的内外部因素变化影响，状态（Status）指国家创新体系受压后出现的变化或问题，反应（Response）指对变化作出的反应，表现为政策着力点的改变或对策变化。国家创新体系演进的 PSR 分析见表1-1。

表1-1　国家创新体系演进"压力—状态—反应"（PSR）分析

阶　段	压力（Pressure）	状态（Status）	反应（Response）
2006—2012年	粗放式经济增长	生态环境约束	经济转型发展
	长期"以市场换技术"	缺乏关键技术，技术依赖	实施知识产权战略，自主创新方针
	科技向现实生产力转换效率不高	产学研合作不通畅，科技与经济存在脱节	建设技术创新体系，注重多方面有机结合
2012—2018年	变革、引领能力不足	战略新兴产业对产业结构调整支撑不足	"创新驱动发展"战略，大力发展战略新兴产业
	科技体制改革不到位	监管漏洞，政策冲突、拥挤等	加强顶层设计，科技活动监管评估机制、科研诚信体系建设
2018年至今	中美贸易摩擦、新冠肺炎疫情	供应链产业链脆弱，全球科技合作受阻	加强自主创新能力建设，加强应急管理
	原始创新能力不足	"卡脖子"问题	完善新型举国体制，发展战略科技力量
	数字化转型及人工智能潮流	技术壁垒，数据治理和伦理问题	培育数字经济相关产业，数据治理和隐私保护

随着科技竞争内外部环境不断变化，科技创新活动蕴含的不确定性、复杂性可能带来多维度的未知风险，使得我国科技创新治理体系面临严峻挑战，需要激发体制机制改革、制度供给优化的内生动力。我国国家创新体系在演进过程中，不断调整发展方向以适应技术迭代升级、经济社会转型变革的要求。通过坚持"摸着石头过河"的问题导向与顶层设计相结合，体系化能力逐步增强，加快科教融汇、产教融合与产学研合作，不断提升科技创新治理的效率、效果、效益（图1-2）。

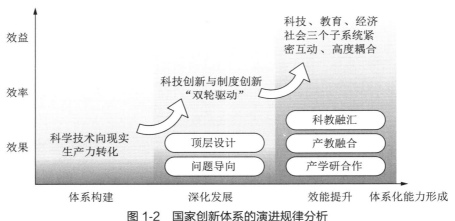

图1-2　国家创新体系的演进规律分析

早期，我国通过吸引外商投资引进先进技术，依靠对科技创新活动资源要素的积累和投入推动经济增长，[①] 关注科技进步贡献率并作为衡量经济增长方式转变的重要指标。受多重背景因素变化的影响，我国社会主要矛盾发生变化，对科技创新活动规律的认识也在逐步深化。一方

---

① 周绍森、胡德龙：《科技进步对经济增长贡献率研究》，《中国软科学》2010年第2期。

面，科学技术进步推动产业结构调整及转型升级，加速迭代的新兴技术和随之而来的治理问题也使得国家创新体系面临更多制约与挑战；另一方面，全球政治和经济格局加速演变，国际秩序的变迁和重构受到世界范围内"中心更替"、国力消长的影响，国际形势更加变幻莫测，"单边主义""孤立主义"严重冲击国际经济秩序，全球多个国家和地区纷纷调整发展战略方针。近年来，我国不断强调实现"高水平科技自立自强"的战略目标，努力抢占未来科技制高点，加强培育新动能、塑造新优势的长远规划，既着眼于国家创新体系的系统布局和融通发展，又通过强化制度保障，在重点行业、关键技术领域不断发力，在动态、多样的互动环境中推动国家创新体系理论和实践的融合发展。

第二章

国家创新体系中"三个第一"的耦合关系及互动机理

"科技""人才""创新"为认识和把握国家创新体系提供了完整理论视角，为提升体系效能指出了可循路径。在明确国家创新体系整体效能的内涵解析与演进规律的基础上，本章尝试从科技、教育、经济社会三个子系统出发，打开"三个第一"与国家创新体系效能之间关系的"黑箱"，探索提升国家创新体系整体效能的机理与路径。首先，构建国家创新体系效能及其关键子系统的理论分析框架；其次，剖析和总结"三个第一"之间的耦合关系与互动机理。

第一节　国家创新体系整体效能与"三个第一"

科技、人才、创新是国家创新体系建设的基础性、战略性支撑，通过三者之间的协同配合、系统集成，可以塑造国家创新发展的新动能和新优势。

一、国家创新体系及其关键子系统

国家创新体系通常被认为是由不同创新主体、创新促进单元和外部制度环境之间相互作用以实现特定创新目标的创新网络。[①] 从运行机制

---

① 冯泽、陈凯华、冯卓：《国家创新体系效能的系统性分析：生成机制与影响因素》，《科研管理》2023 年第 3 期；苏继成、李红娟：《新发展格局下深化科技体制改革的思路与对策研究》，《宏观经济研究》2021 年第 7 期。

看，国家创新体系可以视为围绕创新过程不同环节而形成的网络系统和影响网络系统运作的多重机制。从系统结构来看，科技、教育和经济社会子系统功能的发挥程度和协同程度是影响国家创新体系整体效能的重要因素。

国家创新体系整体效能的"效"分别指向科技创新的效率、效果、效益。从管理学的角度看，对应的是时间（进度）管理、目标管理及资源（成本）管理。整体效能的"能"强调科技创新的体系化能力，可以从三个维度理解：在政治维度上，指的是保障国家总体安全的能力；在经济维度上，指的是为高质量发展不断提供新动能的能力；在社会维度上，指的是满足人民群众日益增长的美好生活需要的能力。因此，提升国家创新体系整体效能，涉及多元主体协同、各类要素整合、各种能力集成以及多重机制联动，是一项具有较高复杂程度的系统工程。

习近平总书记在党的二十大报告中强调："必须坚持科技是第一生产力、人才是第一资源、创新是第一动力，深入实施科教兴国战略、人才强国战略、创新驱动发展战略，开辟发展新领域新赛道，不断塑造发展新动能新优势。"[①] 这一论述深刻揭示了科技进步、教育发展、经济社会前行三者之间相互推升、彼此促进的耦合关系，凸显了科技、教育、经济社会三个子系统的基石地位和重要作用，也为提升国家创新体系的

① 习近平：《高举中国特色社会主义伟大旗帜　为全面建设社会主义现代化国家而团结奋斗——在中国共产党第二十次全国代表大会上的报告》，中国政府网，https://www.gov.cn/xinwen/2022-10/25/content_5721685.htm，2022 年 10 月 25 日。

整体效能指明了方向和路径（图 2-1）。国家创新体系的系统结构特征体现在教育、科技、经济社会三个子系统通过科教融汇、产教融合、产学研合作建立互动关系。国家创新体系发展的前提是各子系统之间形成高度有序的开放式交互结构，基于不同的功能和定位，达到高效协同发展。①

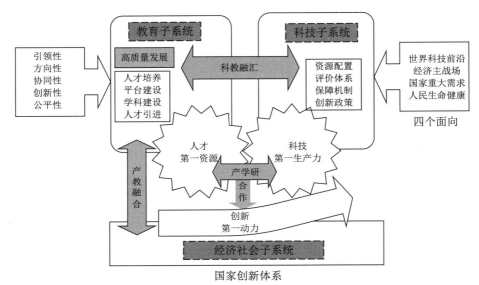

图 2-1　国家创新体系的三个关键子系统

在科技子系统方面，进入 21 世纪以来，我国科技事业发生了历史性重大变化，成功实施了一系列重大科技项目，涵盖载人航天、探月工程、深海探测、高速铁路、量子通信等领域。这些项目的成功推进，使中国成为少数几个拥有自主航天、探月和高铁等核心技术的国家之一。

---

① 冯泽、陈凯华、陈光：《国家创新体系研究在中国：演化与未来展望》，《科学学研究》2021 年第 9 期。

然而，尽管中国在科研产出和科技创新方面取得巨大进展，但与欧美发达国家相比，我国在基础科学研究和前沿技术创新方面仍存在差距。具体来看，首先，欧美国家在科研机构的设施和装备、研究人员的素质和数量以及科研经费投入等方面相对更为充足，在高端制造业领域拥有先进的技术和装备，具备较强的研发能力和市场竞争力。相比之下，中国在某些高端制造领域仍然面临技术瓶颈和关键核心技术的缺失。其次，欧美国家在一些关键核心技术领域拥有较高的掌控力和迭代创新能力，如人工智能、芯片设计、航空航天、生物医药等领域。虽然中国在这些领域也取得显著进展，但在核心技术方面仍然存在较高的对外依存度。再次，欧美国家拥有成熟的创新生态系统和良好的创业环境，涵盖风险投资、法律保护、知识产权保护等方面。相比之下，中国在科技创新的生态环境、创新政策和法规的完善程度方面还有进一步提升的空间。最后，欧美发达国家在高水平科技人才的培养和吸引方面具备较强的竞争力，拥有优质的高等教育体系和吸引全球人才的政策措施。而中国在人才培养、激励和吸引方面仍面临一些挑战，尤其是在培养具备创新能力和实践经验的高级人才方面。[1] 为解决这些问题，习近平总书记2020年9月11日在科学家座谈会上提出"四个面向"的要求，为我国科技子系统的发展运行指明了方向。[2] 重大的科技创新往往会引发产业变革，

[1] 苏继成、李红娟：《新发展格局下深化科技体制改革的思路与对策研究》，《宏观经济研究》2021年第7期。
[2] 习近平：《在科学家座谈会上的讲话》，转引自新华社，http://www.qstheory.cn/yaowen/2020-09/11/c_1126484063.htm，2020年9月11日。

进而影响国家发展水平和世界格局变化。科技子系统的主要功能是确保"第一生产力"的有效供给,通过优化资源配置、评价制度、保障体系、创新政策,不断推动高质量科学研究和技术发明的涌现。

在教育子系统方面,"十四五"规划针对教育提出要建设高质量教育体系。高质量教育子系统的功能是培育"第一资源",通过人才培养及引进、平台及学科建设,为科技创新和经济社会发展持续稳定地输送各类人才。高质量教育子系统在运行过程中应体现方向性、引领性、协同性、创新性及公平性。[1] 在方向性上,高质量教育子系统应明确教育的发展方向和目标,明确教育的价值取向和发展路径。它强调教育系统应有明确的愿景和使命,明确培养的目标和核心价值观,以引导教育的发展方向。在引领性上,高质量教育子系统应具备引领和带动整个教育系统发展的能力。它要求高质量教育子系统能够在课程设置、教学方法、教育技术等方面进行创新和领导,为整个教育系统提供示范和榜样,引领教育的改革与发展。在协同性上,高质量教育子系统应与其他子系统形成有机的协同关系,促进教育全面发展。它强调各个教育子系统之间的相互配合和协作,通过协同提高整个教育系统的运行效能和质量。在创新性上,高质量教育子系统应具备创新精神和创新能力。它强调在教育内容、教学方法、评价体系等方面进行创新,不断适应社会和经济的变革,培养具备创新思维和创造力的人才。在公平性上,高质量

---

[1] 周鑫、戴亮:《高质量教育体系的系统工程性之辨》,《东北大学学报》(社会科学版)2022年第6期。

教育子系统应追求教育机会的公平分配和教育质量的公平提升。它强调教育的普惠性和公平性，要求教育子系统能够消除教育资源的不平等，确保每个学生都能获得公平的教育机会和优质的教育服务。[①]

在经济社会子系统方面，经济社会子系统是指在整个社会系统中，负责生产、分配、消费和社会组织等经济和社会活动的一个子系统。它是社会系统中的一个重要组成部分，与其他子系统（譬如科技子系统、教育子系统等）相互作用和相互影响，共同促进社会整体的运行和发展。经济社会子系统的功能是通过创新这个"第一动力"推动科技成果转化，既指向经济增长的动能塑造，也包括社会治理的能量补给。科技创新是国家转型发展的重要引擎，科技成果转化是实施创新驱动发展战略的核心内容。[②] 经济社会子系统包括经济活动和社会活动两个方面。经济活动是指人类为了生产和分配物质财富而进行的一系列经济行为，包括生产、消费、投资、交换等环节。在经济活动中，人们通过资源配置、生产组织、市场交易等方式来满足物质需求和提高生活水平。社会活动是指人们在经济系统中进行的非经济性质的各种活动，包括社会组织、文化传承、教育、科技创新、公共服务等方面。社会活动与经济活动相辅相成，通过提供社会服务、维护社会秩序、传承文化等方式来促进社会的稳定和发展。

---

① 王一然、徐文琪、张丽华：《高等教育、科技创新能力与区域经济的互动机理及耦合策略》，《国家教育行政学院学报》2023 年第 3 期。

② 王守文、覃若兰、赵敏：《基于中央、地方与高校三方协同的科技成果转化路径研究》，《中国软科学》2023 年第 2 期。

高质量发展是通过创新驱动实现的发展，创新是引领经济高质量发展的第一动力。创新是推动经济增长和提高竞争力的关键因素。通过创新，企业能够开发新产品、改进生产工艺、提高管理效率等，从而增加产出、降低成本、提高利润。创新促进新兴产业的发展，推动经济结构的升级和转型。创新能够创造就业和创业机会。新的创新型企业和产业的兴起，带动就业机会的增加。同时，创新鼓励人们从事创业活动，促进了创业精神和创业文化的培育。新的科技和创新思维改变人们的生活方式、价值观念和行为方式，推动文化产业的繁荣和创意产业的兴起，不断丰富社会文化。

二、三个子系统与"三个第一"的关系

科技进步是科技子系统的产物。政府、企业、高校院所、社会组织等主体共同作用于科技子系统，以确保"第一生产力"的持续有效供给。政府从科技政策、财政政策、知识产权保护、评价机制等方面构建

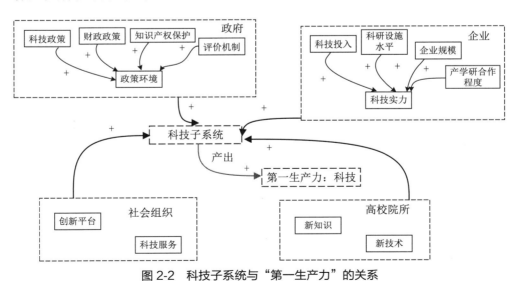

图 2-2　科技子系统与"第一生产力"的关系

科技政策环境，企业从科技投入、科研设施水平、企业规模、产学研合作程度等方面形成科技实力。政府的政策环境、企业的科技实力、高校院所的新知识与新技术、社会组织的创新平台和科技服务共同推动科技子系统的高质量发展和产出。

人才是教育子系统的产出。国家的硬实力及软实力，归根到底都要靠人才，教育子系统的最终目的是为国家输送人才。政府、义务教育学校、高校院所等是教育子系统的关键主体。其中政府通过人才政策、教育经费财政投入、考评体制共同构建教育政策环境；义务教育阶段通过提高师资水平、优化教学设施、关注学生发展的全面性等，为人才培养夯实基础；高校作为国家创新体系的重要组成部分，是科技成果产出的重要载体，也是创新人才培养的主要主体。从学科建设、平台建设、教学设施、师资水平、培养方案等方面出发，高校应充分发挥高校的师资优势、学科优势、平台优势，努力培养具有交叉思维、复合能力的创新

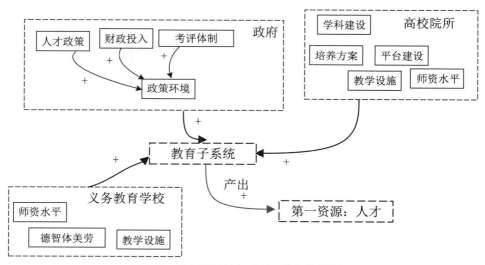

图2-3　教育子系统与"第一资源"的关系

型人才，围绕立德树人根本任务，着力打造一流的育人体系和环境，自觉承担起为党和国家培养创新型人才的历史使命，自觉担负起人才自主培养的时代重任。

创新是经济社会子系统发展的第一动力。经济社会子系统为创新提供"演练场"，通过创新推动科技成果转化，为经济增长提供新动能，为社会治理提供能量补给。经济社会子系统的构成主体更加多元，包括政府、企业、中介组织、高校院所、市场环境等。其中，政府通过科技成果转化政策、财政支持政策、知识产权保护等政策构建政策环境；企业视内部需求压力、外部经济压力、创新能力以及产学研合作程度等作出创新投入决策；中介组织为科技成果转化提供平台、金融、法律、技术交易等服务；高校为创新提供人才和知识，市场环境则指向产业成熟度、商业成熟度以及创新氛围，也是科技成果转化的重要条件。上述多个影响因素共同作用于经济社会子系统，增强全社会的创新能力，进而

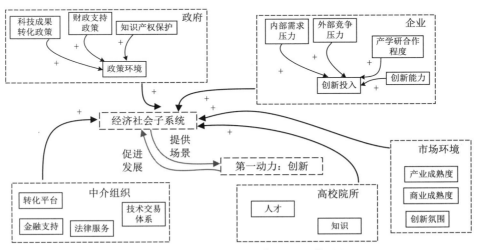

图 2-4　经济社会子系统与"第一动力"的关系

推动科技成果的转化，为经济社会高质量发展提供科技支撑，通过创新这个"第一动力"真正地将科技供给嵌入现代化经济体系建设，从而实现创新驱动发展的目的。

第二节　"三个第一"的耦合关系及互动机理

本节首先分别明确"三个第一"提出的现实背景，以厘清"三个第一"内部之间的耦合关系，并从科教融汇、产教融合、产学研结合、科技与经济结合等角度探究互动机理。

一、"三个第一"的提出背景及其耦合关系

（一）新中国成立初期，明确科学技术的重要性

早在新中国成立之前，毛泽东同志就开始意识到科学技术的重要性。1940年2月5日在延安陕甘宁边区自然科学研究会上的讲话中，毛泽东同志指出："大家要来研究自然科学，否则世界上就有许多不懂的东西，那就不算一个最好的革命者。"[①] 毛泽东同志最初提到技术革命是在1953年修改审定的《关于党在过渡时期总路线的学习和宣传提纲》稿中，他指出："党在过渡时期的总路线的实质，就是使生产资料的社会主义所有制成为我国国家和社会的唯一的经济基础。我们所以必须这样做，是因为只有完成了由生产资料的私人所有制到社会主义所有制的过渡，才利于社会生产力的迅速向前发展，才利于在技术上起一个革

[①] 《毛泽东文集》第2卷，人民出版社1993年版，第269—270页。

命，把在我国绝大部社会经济中使用简单的落后的工具农具去工作的情况，改变为使用各类机器直至最先进的机器去工作的情况，借以达到大规模地出产各种工业和农业产品，满足人民日益增长着的需要，提高人民的生活水平，确有把握地增强国防力量，反对帝国主义的侵略，以及最后地巩固人民政权，防止反革命复辟这些目的。"[1] 新中国成立以后，随着社会主义三大改造陆续完成，毛泽东同志对技术革命的重视程度日益提高。1963 年 12 月，当主管科技工作的聂荣臻同志向毛泽东同志汇报时，毛泽东同志指出："科学技术这一仗，一定要打，而且必须打好。过去我们打的是上层建筑的仗，是建立人民政权、人民军队。建立这些上层建筑干什么呢？就是要搞生产。搞上层建筑、搞生产关系的目的就是解放生产力。现在生产关系是改变了，就要提高生产力。不搞科学技术，生产力无法提高。"[2]

（二）1988 年，明确"科技是第一生产力"

新中国成立以后的三十年间，国内对科技创新的态度历经多次转折，对经济社会发展产生了重要影响，与此同时，第三次科技革命正引领新一轮产业革命，西方国家纷纷借机抢占科技制高点，科技日益成为生产力发展的决定因素，我国与当时世界发达国家的差距进一步拉大。

面对科技革命的浪潮，邓小平同志深刻认识到，当代"社会生产力有这样巨大的发展，劳动生产率有这样大幅度的提高，靠的是什么？最

---

① 《毛泽东文集》第 6 卷，人民出版社 1999 年版，第 316 页。
② 《毛泽东文集》第 8 卷，人民出版社 1999 年版，第 351 页。

主要的是靠科学的力量，技术的力量"①。我国要实现社会主义现代化战略目标，提高在国际竞争中的地位，必须重视和依靠科学技术发展生产力。1978 年，邓小平同志在全国科学大会开幕式上代表党中央明确指出："科学技术是生产力，这是马克思主义历来的观点。"② 这一时期，邓小平同志对马克思主义理论进行了创造性的发展。③1988 年，邓小平同志以全新的视角，高瞻远瞩，对科学技术在当代生产力和社会经济发展中第一位的作用，作出了及时、明确的理论概括。同年 9 月 5 日，邓小平同志会见捷克斯洛伐克总统古斯塔夫·胡萨克，谈到科学技术发展时说："马克思说过，科学技术是生产力，事实证明这话讲得很对。依我看，科学技术是第一生产力。"④ 这是邓小平对马克思主义生产力理论的创造性发展。"科学技术是第一生产力"是邓小平同志从历史发展的高度出发，从当今世界科技发展状况出发，在深刻反思我国科技落后的历史、认真总结社会建设实践的基础上得出的科学论断，揭示了科学技术重要的地位和作用，丰富和发展了马克思主义关于科技革命的思想。

（三）2001 年，确立"人才是第一资源"

人才是第一资源思想的提出有着深厚的时代背景和实践基础，是江泽民同志在深刻分析当时国际国内形势、我国人才状况基础上作出的科

---

① 《邓小平文选》第 2 卷，人民出版社 1983 年版，第 95 页。

② 同上书，第 87 页。

③ 张冠男：《"科学技术是第一生产力"的历史轨迹》，《黑龙江史志》2013 年第 15 期。

④ 《邓小平文选》第 3 卷，人民出版社 1993 年版，第 274 页。

学判断。20 世纪 90 年代，世界形势风云变幻，江泽民同志对世界发展和国际竞争态势变化始终保持高度关注。1994 年 12 月 2 日，江泽民同志在全国组织工作会议上指出，世界各国的竞争很大程度上决定于人才的数量和质量的竞争。[①] 世纪之交，随着信息技术等高新技术的发展，知识创新、科技创新、产业创新不断加速，国际竞争越来越集中表现为人才的竞争。在深刻认识和理解国内外竞争形势的背景下，江泽民同志逐渐形成了人才资源是第一资源的思想。

人才资源是第一资源思想的提出，是清醒认识与准确把握我国人才和人才工作与经济社会发展需要不适应不协调状况的必然结果。从 19 世纪末到 20 世纪初，随着经济社会的全面发展，我国的人才压力与日俱增。一是人才总量不足。我国人口规模较大，但高素质人才的数量相对较少。人才总量的不足对于支撑经济社会发展和实现创新发展造成诸多困难。据 2001 年中国统计年鉴数据显示，2000 年，我国每 10 万人拥有大专及以上学历的为 3611 人。[②] 二是人才的年龄结构不够合理。在高校和科研机构中，中青年学科带头人的数量相对较少。人才队伍的老龄化程度严重，缺乏年轻人才的活力和创新能力。据首都高校教师管理研究会对北京 11 所高校统计，1996 年北京高校博导和硕导的年龄在 56 岁以上者分别占 88% 和 46%。三是人才区域和行业分布不合理。人

---

① 《论人才——重要论述摘编》，党建读物出版社、中央文献出版社 2012 年版，第 8 页。

② 《中国统计年鉴 2001》，中国统计出版社 2001 年版，第 96 页。

才资源在地域和行业之间分布不均衡。大城市和发达地区吸引了大量的人才，而一些中小城市和农村地区则面临人才流失和人才短缺的问题。此外，一些新兴行业和领域缺乏高素质人才，传统行业则存在人才过剩的情况。大部分人才集中在东部比较发达的地区和城市。四是面临西方发达国家激烈的竞争，人才外流情况严重，回流者少。在西方发达国家教育、科研及就业环境的吸引下，许多优秀的人才选择出国深造、工作或移民，导致人才外流现象普遍存在。与此同时，由于缺乏吸引和留住人才的有效机制和条件，人才的回流比例相对较低。五是人才管理观念、体制机制存在问题，缺乏激励作用。人才评价和选拔机制不够科学、公正和透明，对于人才的发现、培养和使用存在一定的制度障碍。在上述背景下，2001 年 8 月 7 日，江泽民同志就人才问题发表重要讲话并指出："做好人才工作，首先要确立人才资源是第一资源的思想，克服见物不见人和重使用轻培养的倾向。"[1]

人才资源是推动经济发展的核心要素。优秀的人才具备知识、技能和创新能力，能够促进科技进步、提高生产效率和推动产业升级。人才能够创造新的产品和服务，推动创新创业，带动经济增长和就业机会的增加。在认识到人才资源的重要性后，我国陆续出台多项与人才培养有关的计划，包括"211 工程（1995 年）""985 工程（1998 年）""长江学者计划（1998 年）""百千万人才工程（1994 年）""千人计划（2008

---

[1] 《江泽民文选》第 3 卷，人民出版社 2006 年版，第 319 页。

年)""新世纪人才计划(2004 年)""万人计划(2012 年)""青年千人计划(2008 年)"等,极大推动了我国的高层次人才培养的进程。"人才资源是第一资源"的思想是在中国改革开放进程中,结合人力资本理论和实践经验,以及国家发展战略的背景下逐渐形成的。这一思想的核心观点是,人才是推动经济发展和社会进步的关键资源,对于国家的发展至关重要。

(四)2006 年,提出"建设创新型国家"

在科技竞争日趋激烈的背景下,胡锦涛同志对自主创新的重视程度日益提高,并提出建设创新型国家的总目标。2006 年 1 月 26 日,以胡锦涛同志为总书记的党中央明确提出:"建设创新型国家,核心就是把增强自主创新能力作为发展科学技术的战略基点,走出中国特色自主创新道路,推动科学技术的跨越式发展;就是把增强自主创新能力作为调整产业结构、转变增长方式的中心环节,建设资源节约型、环境友好型社会,推动国民经济又快又好发展;就是把增强自主创新能力作为国家战略,贯穿到现代化建设各个方面,激发全民族创新精神,培养高水平创新人才,形成有利于自主创新的体制机制,大力推进理论创新、制度创新、科技创新,不断巩固和发展中国特色社会主义伟大事业。"[①]

在党的第十七次全国代表大会上,胡锦涛同志进一步将自主创新、

[①] 《中共中央　国务院　关于实施科技规划纲要　增强自主创新能力的决定》,中国政府网,https://www.gov.cn/gongbao/content/2006/content_240241.htm,2006 年 1 月 26 日。

国家创新体系等思想与建设创新型国家结合起来，提出："要坚持走中国特色自主创新道路，把增强自主创新能力贯彻到现代化建设各个方面。认真落实国家中长期科学和技术发展规划纲要，加大对自主创新投入，着力突破制约经济社会发展的关键技术。加快建设国家创新体系，支持基础研究、前沿技术研究、社会公益性技术研究。加快建立以企业为主体、市场为导向、产学研相结合的技术创新体系，引导和支持创新要素向企业集聚，促进科技成果向现实生产力转化。"[1]

（五）2015年，提出"创新是第一动力"

创新是引领发展的第一动力，这是习近平总书记提出的重大论断，强调创新对于社会、经济发展和科技进步的重要性。2015年10月，党的十八届五中全会把创新发展作为五大发展理念之首。2016年，党的十八届五中全会通过的"十三五"规划并提出"创新是引领发展的第一动力"[2]。

当时，我国经济总量跃居世界第二，成为全球经济大国和贸易大国，综合国力和国际影响力都迈上一个大台阶。"创新是第一动力"的提出与科技进步、全球化、经济结构转型、社会变革和全球性挑战等当代社会背景紧密相连。新技术的涌现和新一代信息通信技术的普及，使

---

① 胡锦涛：《高举中国特色社会主义伟大旗帜 为夺取全面建设小康社会新胜利而奋斗——在中国共产党第十七次全国代表大会上的报告》，中国政府网，https://www.gov.cn/govweb/ldhd/2007-10/24/content_785431.htm，2007年10月15日。

② 《中华人民共和国国民经济和社会发展第十三个五年规划纲要》，中国政府网，https://www.gov.cn/xinwen/2016-03/17/content_5054992.htm，2016年3月17日。

得知识和信息的流动更加便捷，加速了科技创新的速度。同时，全球科技和产业竞争也加大了对创新的需求，企业和政府都意识到创新对于在全球市场中取得竞争优势的重要性。随着经济结构的转型，知识经济和服务经济成为主导。知识和创新能力成为重要的生产要素，对于经济增长和价值创造具有关键作用。在知识经济时代，创新是推动经济发展的重要动力。然而，社会和经济变革日益加速，不确定性和复杂性增加。面对快速变化的市场环境和竞争压力，传统的经营模式和思维方式往往难以适应。创新能力成为适应变革和应对不确定性的重要能力，有助于组织和个人在变革中找到新的机会和路径。此外，当代社会面临许多全球性挑战和问题，包括人口增长、环境污染、资源短缺、社会不平等方面。这些问题需要用创新思维和创新方法来解决，这一观点强调了创新对于适应变化、推动经济发展和解决全球性问题的重要性。在此背景下，必须从要素驱动、资本驱动转向创新驱动。习近平总书记强调："实施创新驱动发展战略，最根本的是要增强自主创新能力，最紧迫的是要破除体制机制障碍，最大限度解放和激发科技作为第一生产力所蕴藏的巨大潜能。"[1]

（六）2022年，"三个第一"首次全部写入报告

2022年，党的二十大报告围绕全面建成社会主义现代化强国，提

---

[1] 习近平：《在中科院第十七次院士大会、工程院第十二次院士大会上的讲话》，中国政府网，https://www.gov.cn/xinwen/2014-06/09/content_2697437.htm，2014年6月9日。

出诸多新表述、新理念、新要求和新论断。其中"三个第一"就是一大亮点，党的二十大报告明确提出"教育、科技、人才是全面建设社会主义现代化国家的基础性、战略性支撑"，明确强调"必须坚持科技是第一生产力、人才是第一资源、创新是第一动力"。①

科技、人才和创新对中国的发展至关重要，是推动经济转型、提升竞争力、解决发展动力问题和改善民生的关键要素。科技、人才和创新是推动经济结构转型和经济增长的重要驱动力。通过科技创新和人才培养，中国能够从传统的劳动密集型产业转向技术密集型和知识密集型产业，提升产业竞争力和附加值，实现经济可持续发展。科技、人才和创新是提升国家国际竞争力的关键要素。在全球化的背景下，国家和企业需要具备创新能力，才能在全球竞争中获得优势地位。通过科技进步和创新，在关键领域取得突破，提高产品和服务的质量和技术水平，增强国家的影响力和竞争力。科技、人才和创新对于解决重大挑战和问题具有重要作用。中国面临诸如环境污染、资源短缺、人口老龄化等问题，需要通过科技创新和人才培养来寻找解决方案。创新能够带来新的科技、产品和服务，推动绿色生产、资源高效利用和可持续发展。人才是科技和创新的核心。拥有高素质的人才能够推动科技进步和创新活动，为国家和企业带来新的发展机遇。通过培养和吸引优秀人才，中国

---

① 习近平：《高举中国特色社会主义伟大旗帜　为全面建设社会主义现代化国家而团结奋斗——在中国共产党第二十次全国代表大会上的报告》，中国政府网，https://www.gov.cn/xinwen/2022-10/25/content_5721685.htm，2022 年 10 月 25 日。

能够建立强大的人才储备，培养创新型人才，不断提高创新能力和创新水平。科技、人才和创新对于社会进步和民生改善具有重要意义。科技创新能够提供更好的医疗、教育、交通、通信等服务，提高人们的生活质量。通过人才培养和创新，中国能够应对和解决一系列社会问题，推动社会公平和可持续发展。

（七）"三个第一"的系统性耦合关系

"第一生产力"是前提、"第一资源"是根本、"第一动力"是最终目的，三者之间密切相关，高度耦合（图 2-5）。首先，在"第一生产力"的形成和"第一动力"的转化过程中，"第一资源"发挥着基础性和先导性作用，可以清楚地识别出人才强→科技强→产业强→经济强→国家强的递进逻辑。其次，人才作为"第一资源"，其培育和成长，必须高度嵌入"第一生产力"形成和"第一动力"转化的过程，千锤百炼始成金。第三，人才是科技进步和创新发展的主导者，同时扮演着科技创新供给侧与需求侧之间的"链接"角色。"第一生产力"和"第一动力"只有通过"第一资源"的起承转合，方能在高水平互动中不断推升彼此的能级。第四，"第一生产力"的供给质量、"第一资源"的保障能力，决定了"第一动力"的能级高低。总体来看，有了"第一生产力"的有效供给，有了"第一资源"的可靠保障，还要将其高效转化为创新引领经济社会发展的"第一动力"，使得国家创新体系中的创新链、产业链、资本链和服务链密集交织起来，让跨产业、跨区域、跨领域的创新活动更加活跃并富有成效，不断激发科技进步与市场需求相互碰撞的场效应。抓住"三个第一"这个牛鼻子，推动科技、人才、创新的协同发展，可以使国家创新体系要素更充沛、结构更合理、功能更强大，为实现第二个百年奋斗目标作出更大贡献。

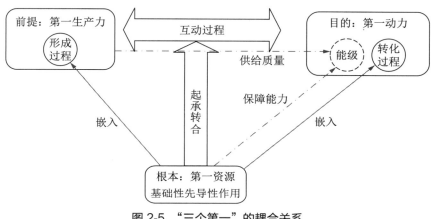

图 2-5　"三个第一"的耦合关系

二、科教融合的现状及问题

随着知识经济的迅猛发展，社会对人才的要求越来越高，高等教育的最根本任务是人才培养，要充分发挥科研的育人作用，倡导科教融合，以科研带动教学，以教学促进科研，协同创新，共同提高高等教育的质量。[①] 新中国成立以来，我国科教融合政策大致经历了初步探索、加速发展和多样化拓展三个阶段。[②]

---

① 向小薇、周建中：《科教融合培养创新人才的实践、问题与建议》，《中国教育学刊》2022 年第 10 期；李德丽、刘立意：《"科教产教"双融合拔尖创新人才培养逻辑与范式改革——基于创新创业实验室的探索》，《高等工程教育研究》2023 年第 1 期。

② 向小薇、周建中：《科教融合培养创新人才的实践、问题与建议》，《中国教育学刊》2022 年第 10 期。

党的十八大以来，党和国家高度重视科教融合对于创新人才培养的重要意义。习近平总书记在 2016 年全国"科技三会"上指出要"加强科教融合、校企联合等模式"。[①] 同年，《高等学校"十三五"科学和技术发展规划》提出"以促进科教融合为主线""科教融合、政产学研用协同育人成为创新创业人才培养主要模式"。[②]

虽然我国在科教融合方面取得一定的进步，但当前我国高校在处理科研与教学、科研与人才培养、人才培养与社会需求的关系方面仍存在很大的问题。具体表现在以下九个方面。第一，基础设施和资源分配不均。一些高校科研实验室、设备和资源配置不足，无法满足科研和教学的需求，导致一些高校的科研活动和教学无法有效融合，科研能力和水平得不到充分发挥。第二，教学和科研压力不平衡。高校教师在科研和教学之间面临着较大的压力。科研项目和论文发表对于教师的晋升和评价至关重要，但过高的科研压力可能削弱对教学及教学质量的关注度。因此，教师在科研和教学之间往往面临抉择和平衡困境。第三，缺乏有效的激励机制和评价体系。目前的高校激励机制和评价体系侧重于科研成果和发表论文，而对于教学质量和教学成果的评价相对较少。这导致

---

① 习近平：《为建设世界科技强国而奋斗》，共产党员网，https://news.12371.cn/2016/05/31/ARTI1464698194635743.shtml?from=singlemessage，2016 年 5 月 30 日。

② 教育部：《高等学校"十三五"科学和技术发展规划》，中华人民共和国教育部网，http://www.moe.gov.cn/srcsite/A16/moe_784/201612/t20161219_292387.html，2016 年 11 月 18 日。

教师在科研方面投入更多精力，而对教学的关注度和投入度不够，影响了科研和教学的有效融合。第四，科研和教学之间缺乏紧密的联系。科研和教学在实践中往往存在较大的割裂感。一些高校教师承担的科研项目与教学任务和课程设置关联性不强，无法充分利用科研成果来丰富和更新教学内容。第五，学生参与度不高。大部分学生更多关注课程学习和考试成绩，对于科研活动的兴趣和参与度有限。这也使得科研和教学之间的融合难以实现，无法将科研活动作为教学的有力补充和有效拓展。第六，缺乏跨学科合作和创新。高校科研和教学往往局限于各学科内部的研究和教学活动，缺乏跨学科的合作和创新。第七，课程设置和内容更新不及时。高校的培养计划、课程设置和内容更新相对滞后，无法及时反映科研领域的最新进展和成果，学生难以获取最新的科学知识和研究动态。第八，缺乏科研导向的教学方法。部分高校在教学中仍然采用传统的教学方法，注重理论知识的灌输，缺乏实践和创新的环节设计。这种教学方式限制了学生创新能力的发展，无法培养出适应科研需求的高素质人才。第九，学术评价偏重数量而非质量。在科研和教学评价中，数量指标如科研项目数、发表论文数等往往被过分强调，而对于科研和教学的质量评价相对不足。这导致一些高校和教师过于追求数量，而忽视了科研和教学的深度和质量，影响了科研和教学的融合发展。①

_____

① 武荔涵：《教学与科研相融合：高校发展的战略选择》，《教书育人》2012年第8期。

三、产教融合的现状及问题

产教融合是推动高等教育体制机制改革、创新多元协同育人模式、解决产业系统和教育系统"两张皮"问题的重要途径。2017 年《关于深化产教融合的若干意见》发布，提出："逐步提高行业企业参与办学程度，健全多元化办学体制，全面推行校企协同育人。"[1] 在过去一段时间里，产教融合取得一定进展，中国政府高度重视产业和教育融合，出台一系列政策和措施来促进两者的紧密结合。譬如，推动产教融合、创新创业教育、产业技术研究院等政策文件的出台，为产业和教育融合提供政策支持和指导。[2] 越来越多的企业与高校之间建立了密切的合作关系。高校与企业合作的形式包括科研合作、技术转移、人才培养等。一些高校与知名企业合作建立产学研基地或联合实验室，共同开展技术研发和创新活动。高校越来越注重培养适应产业需求的人才。一方面，高校开设与产业发展需求相关的专业和课程，培养具备实践能力和创新精神的学生。另一方面，高校积极开展产业实习、校企合作实训等活动，将学生培养直接融入产业实践中，提升他们的职业素养和实践能力。创新创业教育在高校得到广泛推广。高校积极开展创新创业教育和实践活动，培养学生的创新意识和创业能力。同时，高校与创业孵化器、科技园区等合作，提供创业资源和支持，鼓励学生创业并将创新成果转化为

---

① 国务院：《国务院办公厅关于深化产教融合的若干意见》，中国政府网，https://www.gov.cn/zhengce/content/2017-12/19/content_5248564.htm，2017 年 12 月 19 日。

② 庄西真：《产教融合的价值意蕴和推进举措》，《教育发展研究》2021 年第 19 期。

实际产业。高校与产业之间的科技成果转移转化日益活跃。一些高校建立了科技成果转移转化机构，推动科研成果向实际产业应用转化，促进科技创新和产业升级。①

但从现实情况来看，当前我国在产教融合实施过程中存在着诸多问题，主要表现为以下六点。第一，产学研之间缺乏紧密衔接。产业界、高校和科研机构之间的合作和协同仍然存在不充分的问题。产业界对高校的需求和期望与高校的教育内容和研究方向之间存在一定程度的脱节，导致产学研之间的衔接不够紧密。第二，教育内容与产业需求不匹配。教育内容和课程设置相对滞后，没有及时跟上产业的快速变化和技术创新的需求。一些教育机构的教育模式和课程设置仍然较为传统，难以满足产业的新兴需求，导致毕业生的就业能力与产业需求之间存在一定的落差。第三，人才培养模式不适应产业发展。传统的人才培养模式强调理论知识的传授，而缺乏对实践技能和创新能力的培养。产业需要具备实践能力和创新精神的人才，而传统教育模式往往难以培养出这样的人才。第四，企业投入和合作意愿不足。一些企业对于与高校的合作和投入意愿相对较低。一方面，企业可能缺乏对高校研究成果的了解和认可，不愿意投入资源进行合作；另一方面，企业与高校合作的成本和风险也可能较高，阻碍了合作的开展。第五，评价体系不完善。目前的评价体系过于注重学术成果和论文发表等结果指标，对于学生的实践能

---

① 吴小林：《构建新时代产教融合平台　推动教育科技人才全面贯通》，《中国高等教育》2022年第24期。

力和创新能力的评价相对不足。这导致教育机构和学生更加关注学术成果和文凭，而忽视了对实践技能和创新能力的培养。第六，缺乏长期的合作机制和平台。产业和教育融合需要建立长期稳定的合作机制和平台，但目前一些合作往往是临时性的项目合作，缺乏持续性和深度。①

四、产学研结合的现状及问题

在全球化经济背景下，科技创新活动正在不断打破行政边界，在综合国力竞争中占据着十分突出的地位。② 产学研合作指的是企业、高校和科研院所共同组织科技创新活动的过程。产学研结合能够将学术界的研究成果与实际产业需求相结合，促进知识的转化和技术的创新。通过与产业界的合作，学术研究可以更加贴近实际问题，解决产业发展中的挑战，将科研成果转化为实际的创新产品和技术。③

我国产学研合作存在耦合瓶颈。第一，主体定位偏差导致结构失衡。主体定位偏差是指在产学研合作中，各参与主体（企业、高校、科研机构）在合作中的角色定位不准确或不协调，导致整个合作结构失衡。主要原因包括三点。一是企业主导能力不足。一般情况下，产学研合作应该以企业为主导，但我国部分企业在创新能力和科研投入方面仍

---

① 童卫丰、张璐、施俊庆：《利益与合力：基于利益相关者理论的产教融合及其实施路径》，《教育发展研究》2022 年第 7 期。

② 叶传盛、陈传明：《产学研协同、知识吸收能力与企业创新绩效》，《科技管理研究》2022 年第 3 期。

③ 赵胜超、曾德明、罗侦：《产学研科学与技术合作对企业创新的影响研究——基于数量与质量视角》，《科学学与科学技术管理》2020 年第 1 期。

然存在欠缺，无法发挥应有的引领作用。二是高校科研导向失衡。部分高校在产学研合作中对于应用导向重视不足。过于追求学术研究的理论性和基础性，与企业的需求脱节。三是科研机构角色不明确。一些科研机构在产学研合作中定位不清，既有承担基础研究任务的要求，又有兼顾应用研究和技术转移的需要，导致职责不清、协同不畅。第二，系统动力不足导致耦合低效。系统动力不足是指在产学研合作中，缺乏有效的激励机制和良好的运行机制，导致合作耦合效果不佳。主要原因包括三点。一是激励机制不完善。目前我国在激励企业参与产学研合作方面还存在一些问题，譬如缺乏有效的知识产权保护和分配机制，科研成果转化的激励机制不够完善，导致企业参与积极性不高。二是缺乏长期合作机制。产学研合作需要长期的合作关系来培养信任和深入合作，但当前我国仍然存在一些短期项目导向、临时合作的情况，缺乏稳定的长期合作机制。[1] 三是知识产权管理不规范。知识产权是产学研合作的重要基础，但我国在知识产权的管理和保护方面仍存在一些不足，缺乏明确的产权归属和权益保护机制。[2] 第三，利益分配不均导致耦合不畅。利益分配不均是指在产学研合作中，参与主体在利益分配方面存在不公平或不合理的情况，导致合作耦合不畅。主要原因有三点。一是技术成果转化难。科研机构和高校在技术研发方面投入大量资源和时间，但由于

---

[1]　马茹、王宏伟、罗晖：《中国科技创新力量布局现状研究》，《科学管理研究》2019 年第 3 期。

[2]　邵莹莹：《我国产学研合作中高校知识产权保护问题及对策研究》，河北大学博士学位论文 2020 年。

技术转化的不确定性和风险，以及缺乏有效的市场化机制，技术成果难以顺利转化为实际产业应用，从而导致利益分配的问题。二是信息不对称。在产学研合作中，参与主体的信息不对称也会导致利益分配不均。企业通常拥有市场信息和商业机密，而科研机构和高校则拥有技术专长和研究成果，缺乏信息平衡机制会导致一方在利益分配中处于弱势地位。三是利益归属问题。产学研合作中的成果通常涉及知识产权和商业利益，但在利益归属方面缺乏明确的规定和机制，导致合作中的利益分配问题。对于知识产权的归属、专利申请的所有权以及相关收益的分配等问题缺乏统一标准，增加了合作中的矛盾和纠纷。①

五、科技与经济结合的现状及问题

英国《自然》杂志发布的《2015 中国自然指数》显示，美国对世界高质量科研的总体贡献最高，中国位居第二。这说明，我国科研在数量和质量上都有了很大程度的提高。但在科技成果产出数量已经足够丰富的背景下，我国的科技成果转化情况仍不理想，许多科研成果在实际应用阶段遇到了技术转移和商业化的困难。首先，科研机构和企业之间的合作机制不够紧密，缺乏有效的产业化机制和平台，技术转移渠道不畅，导致很多科研成果无法投入实际运用。其次，科研成果的实际应用需要相关领域的高素质人才支持。然而，目前人才培养与实际需求之间

---

① 崔鑫、郭惠、王颖：《新时代政产学研的耦合机制与创新驱动》，《科技和产业》2021 年第 8 期。范蓉：《产学研合作对企业技术创新能力的影响：运行机制与作用机理》，《天津中德应用技术大学学报》2023 年第 1 期。

存在不匹配问题,一些科研人员在专业知识和技能方面与实际应用需求有一定程度的脱节。

以企业为主体的创新体系是实现科技与经济融合的关键。我国既需要能够解决经济社会发展中所面临突出问题的关键技术,也需要这种技术商业化产业化以及不断迭代升级的市场环境。历史经验表明,技术路线的发展很难通过规划或预测来实现,更多是一个市场选择的过程。以电动汽车为例,在一百年前内燃机技术出现时这项技术已经成型,但此后却是传统燃油汽车长期占据统治地位,反而在今天全球低碳绿色转型的大背景下,以电动汽车为代表的新能源汽车方才受到重视。对于科研部门而言,在科学问题导向和供给侧思维下,对于其完成的科技成果究竟有没有市场、市场在哪里、市场有多大等问题并不清楚,让科学家去做成果转化,成功的概率也很小,还是要赋予企业"出题人"和"转化者"角色。对于企业而言,天然以营利为目的,只要政府部门能够解除过多的约束条件,企业就会在市场中"求解",明晰哪些技术是自己所需要的,以及在哪里可以找到有用的科技资源。

我国科技与经济"两张皮"情况一直较为突出。多年以来,科研部门的研究方向与经济发展需求严重脱节,闭门搞科研甚至开展低端重复研究,成果评价则主要关注发表了多少《科学引文索引》(SCI)论文或者能否获奖。即使是少数"有用"的研究成果,也因"职务发明"所有权等体制机制问题,被锁死在保密柜中。对于经济部门而言,我国经济增长方式仍较多依赖要素投入,技术进步大多靠引进欧美的技术和设备，对于内生性科技创新要求不高。但随着我国成为世界第二大经济体，产业部门越来越转向质量效率导向、技术驱动，企业对科技的需求前所未有的旺盛，科技也必然要承担更为重要的角色。虽然我国距真正的科技强国仍有相当差距，但已经具备较好的科技发展基础。据《第七次全国人口普查公报》显示，我国拥有大学（指大专及以上）文化程度的人口为 2.2 亿；据《2022 年中国统计年鉴》显示，2021 年，我国 R&D 人员全时当量为 571.6 万人年，科技论文的产出已达 203 万篇。

解决科技与经济"两张皮"问题的核心在于，破解制约科技创新以及科技与经济有机结合的体制机制。目前，以人工智能为代表的新一代信息技术迎来黄金进展期，对科技与经济发展提出新要求，必将改变传统的科技与经济融合模式。一方面，科学技术壁垒的降低，技术贸易便利化程度提升，以科学技术作为投入要素产出的市场价值越来越高，而一般重复性科技创新对于经济社会发展的推动作用越来越小。另一方面，科学发现和技术发明的难度越来越高，需要更强大的科研团队"合成作战"。对于科研部门而言，需要更多开创性、引领性研究，特别是围绕前沿科技的基础性研究越来越重要，这就需要更强大的科研团队长期潜心深耕。此外，技术也在改变科技与经济融合方式，人们获取知识的方式和渠道越来越多样化，解决科技与经济融合问题的思路就应当更加多元化。

第三章

国家创新体系整体效能提升面临的形势与任务

近年来，科技创新进入空前密集活跃时期，以人工智能、大数据、云计算、区块链和 5G 等新一代信息技术为代表的新兴技术加速迭代，尤其是 ChatGPT 的横空出世意味着人工智能技术取得里程碑式的突破，进一步加速了新一轮科技革命的到来。全球科技、经济和社会的运行方式和结构即将迎来重塑和颠覆。与此同时，国际科技和产业竞争也愈演愈烈，部分发达国家在关键技术领域的一系列"技术封锁"给我国科技创新带来巨大挑战，不断暴露出我国科技发展的短板和问题。本章将从新一轮科技革命和产业变革的背景出发，按照"规律认知—趋势研判—需求分析"的思路，对新形势下国家创新体系整体效能提升所面临的形势与任务进行深入分析。

第一节　对于新一轮科技革命的规律认知

深化认识科技创新发展规律是完善科技创新治理体系的前提和基础。科技革命的发展历史是分析规律的首要资料。本节从"资源要素—科创活动—治理政策"三个相互推动又相互掣肘的维度，剖析总结共识度较高的规律。基于科技创新发展历程以及标志性历史事件分析，结合国内外学者的相关研究，本节从"科技发展过程—科技人才—科技活动"三个方面认识科技创新发展的系统性规律。

一、科技发展的变革规律

理论体系变革是科学革命形成的标志，经典力学体系、量子力学体系的建立分别标志着科学革命的形成；技术革命则促成人类生存和发展方式改变，表现为技术体系的根本性变革，人类生产力质的飞跃。技术发展源于基础科学理论的突破，同时科学仪器的迭代升级与技术发展的市场需求也推动着基础科学研究的进程。

（一）科学革命、技术变革与产业变革的时间规律

两百余年能孕育科学革命，一百余年则足以催生技术革命和产业变革。人类历史上已发生两次科学革命、三次技术革命和产业革命，革命性创新成果在时间维度上分布并不均匀。总体来看，科学革命之间相距239年，技术革命之间相距约100年，产业变革在技术革命开始后的30年左右发生（如图3-1）。根据科技革命和产业变革的历史规律，可以预测未来20年技术革命发生概率很高，而科学革命的发生还为时尚早。[1]智能认知、生命健康、能源动力可能在未来15—30年接续引发技术与产业革命。[2]发达国家的科技发展历史表明，抓住科技革命的历史机遇、建立完善的科技体制、引领世界科技前沿，是成为科技强国的必要基

---

[1] 万劲波：《提升科技创新治理能力》，《学习时报》2020年6月3日。

[2] 李万：《把握芯片科技发展趋势　促进半导体产业创新突破》，《学习时报》2020年8月19日。

础。[1] 在国际关系复杂多变的新形势下，科技竞赛日益激烈，"单边主义""孤立主义""封闭主义"及技术封锁等措施加剧了国际科技交流与合作的难度，对提升自主创新能力提出更高的要求。

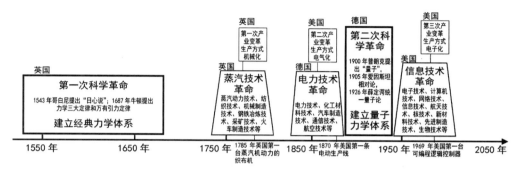

图 3-1　世界科学革命、技术革命与产业变革历程

（二）科学革命的起源规律

科学革命源于自然科学、市场需求、科学家精神与知识积累。自然科学与市场需求的合力是第一次科学革命的动力源泉。近代第一次科学革命出现在欧洲，这不仅与经验科学、实验科学等近代科学方法论起源于此有关，也与近代欧洲战争频发形成的军事需求紧密相关，热兵器需求拉动技术发展，从而推动科学研究进程。科学技术作为第一生产力也是先进生产力，体现了科学技术的"第一性"与"先进性"辩证统一以及生产力和科学技术的辩证统一。[2] 在微观领域，科学家对现象解释的执着探索与创新是第二次科学革命的动力源泉。在宇观领域，科学仪器

---

[1]　柳卸林、马瑞俊迪、刘建华：《中国离科技强国有多远》，《科学学研究》2020 年第 38 期。

[2]　梁斌、王卓：《从科学革命与技术革命的区别入手分析科技的生产力性质》，《社科纵横》（新理论版）2011 年第 26 期。

与航天设备的不断进步为宇宙科学理论发展奠定了基础，科学家的探索精神以及人类生存空间的拓展需求是宇宙科学不断突破的动力源泉。此外，科学革命的诞生还源于知识的积累，第二次科学革命诞生于20世纪初世界科学中心的德国，科学研究的积累与基础研究水平的提升为革命性科学理论的形成奠定了基础。

（三）技术革命的催生规律

技术革命由技术集群式突破催生，技术发展源于基础研究成果转化。单一技术不足以引发技术革命，如图3-1，蒸汽技术革命、电力技术革命、信息技术革命均是由一系列的技术集群式突破推动产生。基础研究突破是技术进步和产业变革的源头，可以开辟新技术领域，发展出产业新增长点。电力的科技发展源于电的发现以及电磁三定律等基础理论的发现，电磁感应的应用催生了动圈式话筒、磁带录音机、汽车车速表、熔炼金属、电动机、变压器等技术；量子力学体系的应用则推动了激光、电子显微镜、原子钟、核磁共振、电荷耦合件、半导体等技术的发展。基础研究正向作用于技术发展的同时，技术难点也反向推动着基础研究，应用导向的基础研究成果能够更快实现转化，加速技术进步。

梳理历次技术革命的发展历程（如表3-1），以标志性技术为起点，引发产业变革并推动一批新兴产业诞生，科技革命带来发展范式的根本性变革为后发国家提供了赶超的机遇，[①] 而新科研范式更加依赖先进实验设备和基础设施，则对后发国家的综合科技实力提出更高的要求。科

---

① 穆荣平、樊永刚、文皓：《中国创新发展：迈向世界科技强国之路》，《中国科学院院刊》2017年第32期。

表 3-1　历次技术革命的梳理

	第一次技术革命	第二次技术革命	第三次技术革命	第四次技术革命
时间	18 世纪中叶至 19 世纪初	19 世纪 40 年代至 20 世纪初	20 世纪 40 年代至今	预计 21 世纪 40 年代开始
技术起点	纺织机械的革新	电动机和发电机的研制	电子管和计算机的研发	智能技术
发生的条件	1. 在新的科学理论指导下，诞生出极大提高生产力的技术 2. 新技术应用具有广阔的市场需求，市场改革活力巨大 3. 多领域科学技术蓬勃发展，诞生了丰富的技术成果			
引发产业变革的标志性事件	1785 年英国第一台运用蒸汽机作为动力的织布机出现	1870 年美国辛辛那提屠宰场第一条电动生产线	1969 年美国数字设备公司研制出第一台可编程逻辑控制器	多个领域均可能孕育革命性突破
社会需求	体力劳动替代	人类体能边界的突破	简单脑力劳动的替代	复杂脑力劳动的辅助与替代，大数据处理
新兴产业	纺织、冶金、采煤、机械制造、交通运输五大工业体系	电力、化工、汽车制造、造船、通信、航空等	电子信息、核工业、航天业、生物产业等	人工智能在各领域的融合应用、生命科学、新能源、新材料
历史影响	开始了工业生产机械化，人类从农业社会步入工业社会	生产方式从机械化步入电气化，形成大量消耗自然资源和化石能源为特征的产业结构	生产方式从电气化步入电子化，实现自动化生产	人类社会进入智能社会

学发展达到一定条件后能够催生技术革命，形成大幅度提高生产力的新技术。以人工智能为依托的生产和生活方式正在深化发展，大数据、人工智能、量子通信、集成电路、工业化育种、生物合成、太空开发等科学技术已产生革命性影响。第四次技术革命正在加速演进，① 全球科技

———————

① 白春礼：《改革开放四十年中国科技创新的发展之路》，《中国科技奖励》2018 年第 12 期。

竞争格局正在重构，新科技革命呈现多点、群发的技术突破态势。

（四）产业变革的引发规律

产业变革由技术革命引发，技术交叉融合进一步推动了全社会产业升级。变革性技术的诞生对生产和生活方式产生颠覆性影响，关键技术的创新与突破率先对本领域产业产生变革性影响，进而随着科学技术的交叉融合发展，科技革命和产业变革催生新的生产方式、组织形态和商业模式，进而引发全社会产业结构和经济结构的重组与升级。科学技术的交叉融合既是科学和技术发展的一般规律，也是人类需求多样性发展的必然要求。关键核心技术突破具有商用生态依赖性规律，[①] 获得关键性产业创新和产业技术竞争力才能够把握科技革命和产业变革的新机遇。正如第二次技术革命中电磁理论的发现与电力技术的创造多发生在法国、德国及美国，科学家凭借技术发明创建了西门子—哈尔斯克公司、爱迪生电灯公司、特斯拉电气公司、西屋电器公司等（如图 3-2），这些公司及所在国家抓住了技术革命的机遇，成长为商业巨头与经济、科技强国。变革性技术在商业化应用过程中不断迭代发展，以美国辛辛那提屠宰场第一条电动生产线为标志，电力时代就此开启，以电力技术为基础，全社会实现了对蒸汽时代的技术颠覆，一般的机械化生产技术转变为电气化、自动化生产，劳动分工规模化，实现了生产力大幅度跃升。

[①] 余江、陈凤、张越、刘瑞：《铸造强国重器：关键核心技术突破的规律探索与体系构建》，《中国科学院院刊》2019 年第 34 期。

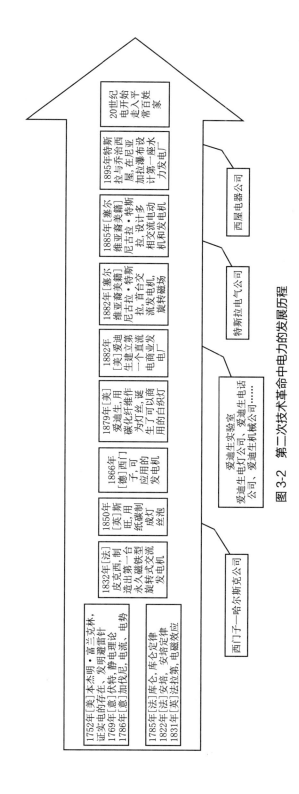

图 3-2　第二次技术革命中电力的发展历程

二、科技创新资源要素的演变规律

科技创新资源包括科技创新人才、科研机构、基础设施、大科学装置、实验室、协作平台、科研仪器、研究方法、软件、原材料等多种形态的资源要素。另外，世界科学中心是科学和技术的源泉，也是吸引世界顶尖科技创新人才的聚贤地，可以被视为科技创新资源要素的集合体。为实现科技创新活动效率最大化，资源配置政策作为一种政策资源对其他资源进行协调，使得国家形成建设科技强国的基本条件。

（一）人才成长规律

人才已成为首要资源，人才培养能力决定了国家的科技水平。科研人才已成为科技创新的首要资源，打造科技强国必须依靠源源不断大量勤奋且聪明的青年科学家等，[1] 只有在人才规划、人才培养、人才职业发展、人才引进、人才保障等具体发展环节恪守科技创新人才可持续发展规律要求，才能形成一个完整的、有机联系的科技创新人才可持续发展链条。[2] 在人才成长规律方面，尚智丛对 227 名中国科学院人才分析发现，中国培养的科研人才的年龄特征与国际人才具有统一规律：28 岁获得博士学位，基于博士研究工作发表论文，获得国际同行关注；31 岁首次获得资助并独立开展研究工作，研究能力与成果产出在 36—

---

[1] 钟少颖：《从创新规律看当前中国科技创新的政策取向》，《学习时报》2018 年 9 月 19 日。

[2] 李学成：《科技创新人才可持续发展的规律性认知研究》，《创新科技》2019 年第 19 期。

40 岁达到高峰，并持续至 45 岁。[①] 在人才创新能力差异方面，尚智丛重点关注诺贝尔科学奖获得者、中国科学院院士[②]、国内权威期刊文章作者。朱明明和万文涛发现创新人才的创新经验与年龄增长呈逻辑函数（Logistic）曲线分布，创新能力与年龄增长呈"钟型"曲线分布，中国和美国人才的创新峰值年龄没有显著差异，约在 35—40 岁之间，但在物理、化学、经济、自然科学领域，美国科学家进入创新峰值年龄略早于中国科学家，并且创新能力差距较大，中国创新人才平均需花费 20 年才能赶上美国创新人才的创新能力。[③] 另外，科研人才取得代表性成果至获评职称或头衔时滞 4 年左右，至获得较高奖项所需时间约 10 年以上，完善中青年科研人才的前期研究激励机制更有助于推动科技创新进程。[④]

优质的学习环境是中青年科技创新领军人才成长的重要起点，[⑤] 美国诺贝尔科学奖获得者的工作单位，50% 以上来自哈佛大学、哥伦比亚大学、加州伯克利大学、洛克菲勒大学、芝加哥大学及华盛顿大学，可见优质高等教育是培养创新人才的摇篮。德国在第二次世界大战后经济

---

① 尚智丛：《中国科学院中青年杰出科技人才的年龄特征》，《科学学研究》2007 年第 2 期。
② 尚智丛：《关于当代中国科技人才成长规律的几点认识》，《今日科苑》2016 年第 11 期。
③ 朱明明、万文涛：《中美创新人才成长规律比较分析研究》，《西南民族大学学报》（人文社科版）2017 年第 38 期。
④ 路甬祥：《科技原始创新的案例和规律》，《科技创新导报》2014 年第 11 期。
⑤ 朱英、郑晓齐、章琰：《中国科技创新人才的流动规律分析——基于国家"万人计划"科技创新领军人才的实证研究》，《中国科技论坛》2020 年第 3 期。

窘迫的情况下仍然优先发展教育，持续推进教育制度改革，培养的大量科研人才和职业技术人才在 21 世纪将德国再次拉回科技强国行列。[①]此外，对科研人才创新意识、科学思维、周密实验能力的培养是提升创新能力的关键。科研人才在接受教育培训的过程中，塑造的创新意识、创新思想往往能够实现更高效的高价值科研创造，如爱因斯坦提出相对论、沃森和克里克构建 DNA 双螺旋结构等重大发现并未消耗高额的科研经费。

（二）资源多样化规律

多样化的科技创新资源往往开启了一扇扇科学之门。科技创新资源多样化发展，资源形态各异，新型科技创新资源与传统资源具有相同的意义，都是科技创新活动的基本条件，一旦缺失必然羁绊科技创新发展。新形势下，资源的全面性越来越重要。国际科技和产业合作受阻必然导致资源欠缺领域的供应链断裂风险，包括芯片、核心算法、燃料电池关键材料、锂电池隔膜、超精密抛光工艺等在内的创新资源短板时刻面临被"卡脖子"的问题。新资源代表着未来潜力和突破方向，具有颠覆现有科研范式的可能性，新资源竞争与开发利用成为科技竞争的重要领域。正如，算力已成为信息时代的生产力，是数字经济的核心资源，算力资源成为数字技术发展的新型基础设施。新科学仪器和装置等新资源的发现往往能够开启更广阔的研究领域，如粒子加速器的发明促进了

[①] 袁立科、孙福全：《德国建设世界科技强国的经验及启示》，《科技中国》2021 年第 5 期。

原子核实验、放射性医学的发展，电子显微镜推动了生物学的研究，重离子加速器用于癌症治疗等，深空深海的探索研究为科技创新不断开拓新的资源空间。

（三）资源配置规律

对于科技创新资源配置的协调赋能了关键核心技术突破。科技创新资源配置主要受市场需求、技术供给、科学水平和政府规划战略等因素的影响，既存在市场化发展的资源配置规律，也受科技政策协调的影响。一方面，地方资源禀赋积累、科创企业的联盟发展、科研人才流动等资源配置在科技创新活动中自主实现。譬如，人才资源流动具有自主性，存在着优秀人才向高水平科研地区或单位流动的规律，区域科技发展表现出"马太效应"[①]，我国要吸引人才必须改善我国缺乏国际顶尖的领域性研究中心或机构的不足。[②]另一方面，科研经费、创新协作平台、科研基础设施和大科学实验装置往往依赖于政府科技计划资源配置。国家重大科技计划项目、核心技术专项发展规划、全球科创中心建设等举措对科技创新资源配置具有根本性、方向性的影响。资源配置的同质化、碎片化等问题需整体性、系统性的多部门政策协调。[③]"集中力量办大事"等资源配置协调政策在多国发展中被实施，譬如美国

---

① 朱英、郑晓齐、章琰：《中国科技创新人才的流动规律分析——基于国家"万人计划"科技创新领军人才的实证研究》，《中国科技论坛》2020 年第 3 期。
② 雒建斌：《国际人才流动规律须遵循》，《光明日报》2014 年 10 月 18 日。
③ 李哲：《科技创新政策的热点及思考》，《科学学研究》2017 年第 35 期。

《2022 财年优先研发事项》《英国工业 2050 战略》、德国《高科技战略 2025》等国家科技战略均对具有潜力的关键核心技术研发明确了优先重点发展方案，加速了关键核心技术突破的进程。科技创新治理中的重要举措是对资源配置进行协调优化，近年来我国科技创新资源配置的协调政策如表 3-2 所示。

表 3-2　科技创新资源配置协调政策

资　　源	配置协调政策	作　　用
科研基础设施与大型科研仪器	向社会开放	提高科技资源利用效率，实现资源共享，避免部门分割、单位独占，充分释放服务潜能，为科技创新和社会需求服务
功能性平台	国家科技基础条件平台建设	为全社会的科学研究、技术创新和社会民生提供共享服务的网络化、社会化组织体系
人才基地	"揭榜挂帅"、"赛马"模式	开放创新条件下竞争择优攻关中小规模的应用型科技项目
	"点将配兵"模式	实现重大科技项目人才、基地、资源、平台一体化配置
算力	"东数西算"工程	为自动驾驶、远程医疗、元宇宙等产业发展提供基础设施条件

（四）资源集聚规律

科学中心具有科技创新资源集聚能力，这种能力往往伴随科学中心的转移而消长。成为世界科学中心的国家即进入了科学兴隆期，创造的科学成果占全世界 25% 以上，每个国家的科学兴隆期平均约 80 年，[①]世界科学中心转移情况如表 3-3，德国曾进入科学兴隆期最长达到 110

---

① 潘教峰、刘益东、陈光华：《世界科技中心转移的钻石模型——基于经济繁荣、思想解放、教育兴盛、政府支持、科技革命的历史分析与前瞻》，《中国科学院院刊》2019 年第 34 期。

表 3-3　世界科学中心的转移

时　　间	世界科学中心
1540—1610 年	意大利
1660—1730 年	英国
1770—1830 年	法国
1810—1920 年	德国
1920 年至今	美国

年，美国自 1920 年进入科学兴隆期，至今已达 102 年。科技人才呈现流向高收入或经济科技最发达国家的规律。[①] 世界科学中心对世界优秀人才吸引力最强，2019 年美国人工智能（AI）研究人员数量最多，占世界 46%。从人才流动来看，美国对 AI 人才的吸引力最强，且远超其他国家。从全球科技人才分布来看，美国仍然是全球最大的科技人才接收国和世界科技人才的制高点，尤其是科技领军人才流动主要由发展中国家流向发达国家。[②]

每一个兴衰周期的转换过程，往往会发生一次科技中心转移。[③] 中国近年来科学研究成果丰硕，SCI 发文量仅次于美国，占全球总量约 17%；专利申请量占全球总量超 19%（如表 3-4），科技成果按年增长率 2%，预计于 2038 年进入科学兴隆期。中国基础研究在量子通信、纳米技术、干细胞、脑图谱成像、人工生物合成、蛋白质等领域持续取得

[①] 郑巧英、王辉耀、李正风：《全球科技人才流动形式、发展动态及对我国的启示》，《科技进步与对策》2014 年第 31 期。

[②] 王寅秋、罗晖、李正风：《基于系统辨识的全球科技领军人才流动网络化模型研究》，《系统工程理论与实践》2019 年第 39 期。

[③] 扈广法：《科技创新要遵从一定规律》，《西部大开发》，2016 年第 9 期。

突破，国际影响力不断增强，呈现出距离科学兴隆期的差距不断缩小的增长趋势。

表 3-4　中美科技成果产出占比情况

年　份	美国 SCI 发文量在全球的占比（％）	中国 SCI 发文量在全球的占比（％）	美国专利申请量在全球的占比（％）	中国专利申请量在全球的占比（％）
2016 年	25.9	17.0	19.4	14.1
2017 年	26.2	17.0	18.8	16.1
2018 年	25.3	14.4	17.1	19.0
2019 年	25.9	18.1	—	—

数据来源：《中国基础研究竞争力报告 2020》；OECD. Stat。

三、创新活动的发展规律

1984 年美国科技史学家普赖斯（Price）通过研究年度论文数量，提出了科学技术发展的指数增长模型，进一步研究后提出了科学增长"S"形曲线。从不同时间单位来看，科技成果数量在 50—100 年为单位的统计分析中呈现指数增长规律，在 5—10 年为单元的统计分析中呈现周期性发展规律。[1] 在科技市场化发展方面，高德纳（Gartner）公司每年发布新科技的技术成熟度曲线，如图 3-3 所示，新技术概念宣传初期，存在公众对技术的虚高期望值而使技术在萌芽期受到追捧，达到期望膨胀期，在接受市场的验证后，新技术宣传的泡沫将会逐渐破裂进入低谷期，而后稳步恢复爬升直至成熟期。

[1]　朱亚宗：《科技规律·科技经济·科技管理——谷兴荣〈科学技术发展的数学原理〉与〈科学技术研究业经济学原理〉的原创性理论述评》，《科学学研究》2007年第 1 期。

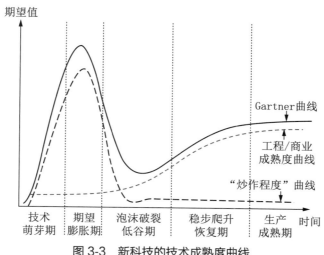

图 3-3　新科技的技术成熟度曲线

（一）科学技术的投入与产出规律

科学技术投入产出呈非线性关系，底层科技以财政投入为保障。谷兴荣提出科学技术投入产出关系三定律，即科学技术研究效率的稳定性与突变性的非线性变化规律，科技研究效率的隐性渐退规律，科技发展中的最小因子限制规律。[①] 科学技术的投入产出率往往在某项技术获得突破后实现飞速增长，正如国际商业机器公司（IBM）的科学家发明扫描隧道显微镜，推动了原子、分子的微观领域研究；日本电子公司科学家发现了碳纳米管，碳纳米管复合材料产品开始被快速研发和广泛应用，碳纳米管在锂电池导电剂中的应用推动新能源汽车产业的发展。

各国对科技发展的重要性具有普遍的认同，只有稳定的财政投入科

---

① 朱亚宗:《科技规律·科技经济·科技管理——谷兴荣〈科学技术发展的数学原理〉与〈科学技术研究业经济学原理〉的原创性理论述评》,《科学学研究》2007年第 1 期。

技发展，才能实现经济的长效提升。综观世界各国的研发投入结构，政府财政对基础科学研究的投入均保持较高比例，多高于 50%。政府对高技术的干预和协调成为科技发展的导向和驱动要素。

（二）科学研究影响经济的滞后规律

科学研究提供新的经济增长动能，但滞后长达 10 年左右。邓小平同志提出"科学技术是第一生产力"，开启了中国科技界的春天，并对之后很长一段时间的经济增长产生深刻影响。世界科技革命与产业革命带动经济高速增长。经济水平提高推动科学技术成果社会化进程，科学技术发展促进社会平等 U 型发展。[①] 科技创新存在提高全要素生产率、驱动高质量供给、推动经济结构升级、提升消费结构水平、影响资源与环境、促进社会公平等内在规律。[②]

然而科技创新往往无法立竿见影，不仅在科学研究周期、成果转化周期上有时间差，[③] 科技创新政策需求产生到政策效果显现也存在时间差，[④] 如果等一项技术显现出成熟应用或明确需求时再投入研究，无疑就已经落后，只能处于跟跑地位。据我国科技投入产出数据实证分析发

---

① 谷兴荣：《科技进步与社会平等的 U 型发展规律探讨》，《自然辩证法研究》2005 年第 2 期。

② 孙祁祥、周新发：《科技创新与经济高质量发展》，《北京大学学报》（哲学社会科学版）2020 年第 57 期。

③ Ning Wang and John Hagedoorn, "The Lag Structure of the Relationship between Patenting and Internal R&D Revisited", *Research Policy*, Vol.8, No.43, 2014.

④ 高峰、郭海轩：《科技创新政策滞后概念模型研究》，《科技进步与对策》2014 年第 31 期。

现，科技投入至专利产出平均滞后 4 年左右，[①] 此外，成果转化和产业化阶段滞后期分别在 2—3 年、3—4 年。[②] 因此，从科学知识形成到贡献于产业化经济增长大致需要 10 年左右的时间。长期来看，财政科技投入对经济增长的贡献明显。[③] 因此，保障科学研究成果产出不仅需要政府持续有力地执行创新决策、服务创新活动，更要对成果产出有足够耐心。

（三）科学研究范畴的拓展规律

科学研究范畴纵横拓展，学科交叉融合扩大了社会化影响。从科技发展历史来看，技术的复杂程度呈指数级增长，基础科学理论不断叠加组合，持续催生颠覆性创新技术，呈现出技术发展的层次性。科学研究从微观到宏观加速向纵深演进，新型科创资源不断被发掘，未知科学领域不断被开拓。此外，科学研究纵横双向发展，交叉性的研究可能引发重大的科学发现，如宇宙背景辐射的发现、中子的发现等。纳米技术在不断纵深提升中横向发展，形成了纳米材料、纳米动力学、纳米生物学、纳米药学、纳米电子学等多个交叉学科，在脑科学、集成电路、远程医疗、无人驾驶等多个科技领域中贡献突出，从而使纳米技术从方方面面深刻影响人们的生活。科学研究范畴不断细化，多学科融合创新催

---

① 金怀玉、菅利荣：《考虑滞后效应的我国区域科技创新效率及影响因素分析》，《系统工程》2013 年第 31 期。

② 宋砚秋、胡军、齐永欣：《创新价值转化时滞效应模型构建及实证研究》，《科研管理》2022 年第 43 期。

③ 俞立平、熊德平：《财政科技投入对经济贡献的动态综合估计》，《科学学研究》2011 年第 29 期。

生新兴学科，如各学科与人工智能技术融合发展。2020 年，我国学科和专业体系中新增 8 个人工智能相关专业，包括：智能交互设计、智能测控工程、智能采矿工程、智能飞行器技术、智能影像工程等。通过学科交叉融合，智能化时代特征全面地展现在各行各业与各类生活场景中。

（四）科学研究范式的融合规律

科学研究范式不断融入社会力量，多主体协同凸显政府治理效能。科技创新包括科学构想、基础研究、应用研究、放大研究、中试开发、工业化等多个过程。[1] 各国不同类型创新主体呈现较为一致的任务结构，基础研究与应用研究主要由高校和科研机构承担，试验发展主要由企业承担，各创新主体从独立研究转向合作研究模式，突破专业壁垒实现资源互补。在世界各国，企业均是最具创新活力的主体，鼓励科研人员创办企业、鼓励大众创新创业等政策持续催生新业态、激发创新活力，[2] 一大批有实力的企业科研活动或研发投资逐步深入基础研究层面，科技前沿与商业活动联系紧密。

此外，中长期科技创新规划是各国科技发展的纲领性文件，政策导向影响着未来科技走向，有组织有计划的科技发展展现出更高效率的创新突破。[3] 新时代科技创新主力从少数精英演变到群体智慧创新，

---

[1] 扈广法：《科技创新要遵从一定规律》，《西部大开发》2016 年第 9 期。

[2] 万钢：《点燃大众创新创业火炬　打造新常态下经济发展新引擎》，《科技日报》2015 年 3 月 27 日。

[3] 李冬琴：《中国科技创新政策协同演变及其效果：2006—2018》，《科研管理》2022 年第 43 期。

企业、公众等社会主体更多地融入科学研究范式中，协同创新、用户创新、创新生态体系、开放式创新、分布式创新、整合式创新等概念与效率被相继提出与证实，[①]多主体协同创新的研究范式更加凸显出政府治理的重要性。图3-4梳理了多主体协同的科学研究范式中的政府职能。

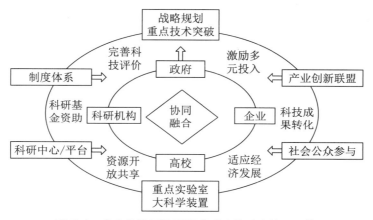

图 3-4　多主体协同的科学范式中的政府治理职能

第二节　对于新一轮科技革命的趋势研判

依据对于科技革命的规律认知，结合近年来科技创新的政策导向，以及习近平总书记的相关重要论断，本节从三个方面进一步全面深入研判新一轮科技革命的趋势变化：一是科学技术研究的复杂性和难度快速提升，二是科技创新资源的内涵和外延不断丰富，三是创新活动的边界不断拓展。

---

① 吴欣桐、梅亮、陈劲：《建构"整合式创新"：来自中国高铁的启示》，《科学学与科学技术管理》2020年第41期。

一、科学技术研究的复杂性和难度快速提升

科技创新作为一项涉及政治、经济、社会、文化等众多因素的系统工程，其本身具有高度复杂性。伴随新一代信息技术深入发展推动新一轮技术革命和产业变革逐步深化，加之中美贸易摩擦、新冠肺炎疫情常态化等一系列国内外重大事件的影响，科技创新的主体、要素、模式和体系越来越呈现出多元性、系统性、开放性和复杂性特征。

（一）科技创新面临的国内外环境分析

从外部环境看，不利的国际形势短期内不会缓解，国际科技合作形势日益严峻。拜登政府科技创新政策的变动给中美关系带来了许多不确定性，中美进入构建新型双边关系框架的探索阶段。[①]

首先，以美国为主的西方国家加大了对中国的科技封锁力度，科技创新的外部导入被阻断，研发投入回报率降低。随着 2018 年美国单方面挑起中美贸易摩擦，美国商务部先是以"违反美国国家安全和外交政策利益"为由，将 44 家中国军工科研单位列入出口管制清单，实施技术封锁；继而又将中兴通讯、华为、江南技术研究所、中科曙光等多家企业列入"实体清单"，实施技术封杀，限制其对美国核心零部件和技术服务的采购。[②] 此外，美国联手各国试图阻碍以 5G 为代表的先进技术在全球范围获得更大的市场份额。华为和中兴的 5G 通信网络设备无

---

① 樊吉社：《中美战略竞争的风险与管控路径》，《南开学报》（哲学社会科学版）2021 年第 5 期。

② 蓝庆新：《中国应对西方国家高技术封锁的历史经验》，《人民论坛》2019 年第 16 期。

法在美国销售，这使得华为和中兴直接丧失了全球四分之一的市场，削弱了中国通过市场回收研发投入和持续推动科技进步的能力。2020 年 1 月，美国内务部正式发布行政命令，禁止在非紧急情况下使用部门购置的外国制造无人机，而多数无人机及其零部件均来自中国。2020 年 5 月，美国禁止半导体制造厂为华为制造用美国电子设计（EDA）工具设计出来的芯片。

其次，中国的科技人才交流受到了以美国为主的西方国家的诸多限制，中国科技人员接触前沿科学研究和外部高端技术变得日益艰难。2020 年 5 月，白宫官网发布了一份名为《关于暂停部分中华人民共和国留学生和研究人员以非移民身份入境的公告》，公告称，将禁止与中国军民融合（MCF）有关联的中国公民持 F 签证（学生签证）或 J 签证（访问者签证）进入美国攻读研究生学位或者访学。参考名单对中国高校、军警校及与国防相关机构单位等 156 所高校和机构进行分级。

从内部发展看，高水平科技自立自强的重要性日益凸显，科技创新治理机制完善与发展的紧迫性不断提升。国家安全、高质量发展、满足人民群众美好生活需要等发展目标都对科技创新提出更高的要求。我国近年来科技发展取得了举世瞩目的成就。在新发展背景下，自主创新、基础研究、科技自立自强越来越成为科技发展战略的重中之重，并上升为国家战略，加之科技创新需求质量的不断提升对科技创新供给不断提出更高的要求。譬如，航天领域嫦娥四号落月、长征五号火箭冲天，从发射卫星到载人航天等技术都已实现。但下一步载人飞船登月对技术的要求势必比发射卫星要高许多。

（二）科技创新突破的复杂性

1. 创新主体多元化

科技创新涉及企业、科研院所、高等院校、中介服务机构等各类主体，[①]各类主体在科技创新过程中发挥着不同作用，在资源和利益分配上也有着不同的诉求。其中，国际科技组织发挥着推动国际科技创新交流与合作、推广成熟科技创新经验的作用，以获得世界范围内的多方认可，提升话语权和影响力；世界主要国家政府通过高效的治理机制推进国家科技创新发展，打造科技创新强国；高等院校作为国家原始创新的主要力量，谋求获得更多的办学经费、靠前的学科和综合排名、较高的毕业生就业率以及优良的科研成果和社会评价等；科研院所将更多关注技术的熟化和转化，以及关键核心技术突破问题；企业与中介服务机构则更多考虑生存和发展问题，追求经济利益最大化。要实现有效的科技创新治理，必须充分考虑不同类型主体的任务结构和能力基础差异，各展所长。

2. 创新要素系统性

科技创新需要人才、资金、仪器装备、数据、基础设施等多个要素

---

① 宋刚、唐蔷、陈锐、纪阳：《复杂性科学视野下的科技创新》，《科学对社会的影响》2008 年第 2 期。

系统组合来支撑。[①] 通过不同要素的合理组合，优化科技创新环境，并使得相关能力得到强化。

3. 创新模式的开放性

创新模式随技术革命的深入不断演化，新一轮科技革命背景下创新模式逐渐呈现出开放性、分布式特征，显著提升了科技创新的外部效应，同时在很大程度上加剧了科技创新突破的复杂性。

4. 创新体系的复杂性

科技创新具有高度复杂性，需要在科研组织、科技创新模式、创新体系构建方面进行调整与创新，以更加有效的方式推动科技创新突破。首先，在科研组织方面，科研组织的创新必须根据不同的科研创新目标、任务及特点，探索和选择适当的组织模式。其次，在科技创新模式方面，科技创新需要注重融合各种类型的创新资源，探索开放式创新模式下利益共享的科技创新新路径，降低创新成本和创新风险，提高创新效率；最后，在创新体系方面，在高水平科技自立自强的国家战略指引下，着力构建系统、完备、高效的国家创新体系。

（三）科技创新竞争的演变与新动向

科技创新已经进入创新 3.0 时代，从主要强调自主研发和"需求 + 科研"双螺旋驱动模式，逐渐演化为强调合作研发和"政府 + 企业 + 学研"及"需求 + 科研 + 竞争"三螺旋驱动模式，进一步演化至强调创意

---

① 徐冠华：《充分发挥高等学校的重要作用　大力推进科技创新和产业化》，《中国高等教育》2003 年第 23 期。

设计与用户关系和"政府＋企业＋学研＋用户"及"需求＋科研＋竞争＋共生"四螺旋驱动模式，以创新产品、服务和体验创造价值，竞争已演变为创新系统之间的竞争。[①]

科技创新的新动向，从整体上看，一方面，当今世界正处于一系列重大科学发现和关键核心技术突破的前夜，诸多前沿科学领域的探索正深入"无人区"腹地，需要学科、产业、区域、机构之间更为紧密、更具深度的交叉、融合和集成，协同攻关；另一方面，科技创新活动与经济社会的相关性日益增强，研究者、投资者、开发者、生产者、服务者、应用者互动合作越来越紧密，形成了无数个持续动态演化的生态系统。因此，大至国家，小到产品和服务，科技创新领域的竞争已超越微观组织和个体层面，实际上已演化为创新体系和创新生态系统之间的竞争。

二、科技创新资源的内涵和外延不断丰富

随着科技革命的进程不断走向深入，科技创新资源的内涵越发丰富，外延也逐步拓展，使得科技创新资源的配置、流动及开发利用途径都呈现出更多新特征。

（一）科技创新资源的内涵不断丰富

科技创新资源指的是服务于科技创新活动的各种有形和无形要素。除了人才、资本、技术等传统认知范畴内的创新资源之外，数据、算法工具、IP 地址根目录、通信频道、卫星轨道、电磁频谱、新材料、新能

---

① 李万、常静、王敏杰、朱学彦、金爱民：《创新 3.0 与创新生态系统》，《科学学研究》2014 年第 32 期。

源、二氧化碳排放权、基因注册等进入资源列表，科技创新资源的内涵更加丰富。

2020年4月，《关于构建更加完善的要素市场化配置体制机制的意见》发布，提出加快培育数据要素市场，"数据"与土地、劳动力、资本、技术等传统要素并列为生产要素之一；数字经济时代下，计算速度、算法、大数据存储量、通信能力的综合体称为"算力"，这一数字化综合体已成为国家的核心竞争力；[①] 在太空资源方面，基于国际卫星通信界和联合国等机构目前奉行的太空低轨道资源谁占谁所有的原则，抢占地球低轨道资源和卫星通信频道资源日益重要。[②]

1. **科技创新资源高度集成化**

一项科学技术往往由多种科技创新资源要素集成，仅凭单个组织或国家的能力与资源越来越难以满足科学技术发展的需求，集成多个国家的专利技术成为高科技产品的重要特征。例如，芯片制造需经历300多道工序，涉及精密机床、精密光学、精密化工、精密制造等多项尖端技术。

2. **科技创新资源趋于无形化**

科技创新资源出现了数据、算法等抽象形式，出现了计算能力、计算速度、通信频道等无形资源。利用互联网云存储实现对无形资源的存储、高效检索及运用，人工智能、区块链、自动驾驶等前沿科技发展离不开无

---

① 黄奇帆：《数字经济时代，算力是国家与国家之间竞争的核心竞争力》，《中国经济周刊》2020年第21期。

② 陈山枝：《关于低轨卫星通信的分析及我国的发展建议》，《电信科学》2020年第36期。

形的数字资源，数字资产已成为一项重要的生产要素。随着集成电路技术的进步，大型科学仪器也逐渐向小型化、微型化、综合化方向发展。

3. 科技创新资源能力化

科技创新资源的价值不仅仅是资源拥有量的叠加，更重要的是资源有效利用能力。科技创新能力已成为激活和拓展科技创新资源的重要催化剂。马斯克可重复使用的低成本商业火箭与高效卫星发射技术加速了 SpaceX 的 Starlink 计划，一年的发射量超过去五年全球所有国家发射的卫星总数。科技创新资源需要依托于高端人才或领先企业的资源利用能力，尖端科学家的能力将极大地升华有限的科技创新资源价值。

（二）科技创新资源配置趋于社会化、开放化和特色化

1. 社会化

信息技术、碎片化的个性定制以及现代高等教育培养的多样化人才，使得基于互联网的社会化开放协作模式如"众包"模式表现尤为高效。"企业出题、能者破题"的科研众包模式，根据市场发展需求调动全社会科研力量进行极具针对性的科研攻关，打破了科技创新活动的"高墙"，有效提升企业技术创新速度，推动更多科技成果转化为现实生产力。极端扁平化的科研组织形态，带来了更加大众、多元、快捷的研发资金筹集模式，在很大程度上提升了从创新到实现商业价值的效率。

2. 开放化

科研资源共享模式正在不断发展，拥有有限资源的企业、高校及科研院所等创新主体突破组织边界，推动科技创新资源跨技术、跨学科、

跨地域的开放与整合。特别是基础研究成果的公开，以及应对全球公共安全事件背景下的资源开放，使得科技创新资源不受技术领域、学科专业和地域限制，实现公开和共享，充分施展各类创新主体的能力。提高创新资源开放程度，促进开放式合作创新，具有高效利用开放创新资源的能力至关重要，在已有资源基础上运用新的方法、技术、手段等催生新的研究成果，不仅能够提高科研的效率与质量，还能够增强科研工作的创新潜力。

3. 特色化

随着区域经济协调发展，我国正不断优化区域科技创新资源配置，多点分散布局资源聚集地，着力形成区域特色。譬如，华中地区打造科技创新战略腹地，贵州重点发展云计算、大数据，浙江实施数字经济"一号工程"，海南大力发展生物医药产业等。

（三）科技创新资源流动多极化、动因多元化

1. 多极化流动

联合国发布《2022年世界移民报告》，截至2020年各国的移民数据显示，2020年的世界移民数量比2019年上升3.5%。2020年全球一共有2.81亿移民，占据世界总人口的3.6%，从地区来看，欧洲目前是移民的最大目的地，有8700万移民；其次是亚洲，有8600万移民；北美是5900万移民的目的地。

整体来看，中国仍面临人才流失的处境。中国成为第4大移民输出国。根据移民流入国和移民输出国的数据，美国依然是每年接收移民最

多的国家，而印度也依旧是每年输出移民最多的国家。在 2020 年的移民输出国中，中国共有 1000 多万人移民海外，占中国总人口的 0.7%。

虽然目前美国仍然是全球最大的科技人才接收国和世界科技人才高地，但随着全球经济多极格局的形成，全球经济重心向亚太地区转移，人才流动集聚方向发生相应变化，科技创新资源的流动目的地正从美欧主导转向美欧亚三分天下。新兴经济体如中国、印度等的崛起牵动着全球科技创新的格局，大量科技人才从世界各国，甚至是发达国家流向新兴经济体国家。不断加速的经济全球化、跨国公司的快速发展、生产要素的全球配置加剧了科技创新资源在全球范围内的流动和集聚，科技创新资源的争夺战已悄然在国家间展开。

2. 多元动因

加拿大、美国、澳大利亚是最受中国人青睐的三大移民目的地，从移民目的上来看，重大科技基础设施性能，科技伦理制度、历史、人文生态环境、居住条件、网络条件、交通便捷、开放包容创新生态等非传统多元因素的影响力正日益增强。科技创新人才是具有流动性、稀缺性、高附加值的资源，是科技创新资源的核心，人才流动的动因不仅受城市经济发展水平、城市基础设施、医疗卫生条件等因素的影响，而且受生态环境、政治环境、居住条件、生活空间、网络条件、交通便捷等多元因素的影响日益增强。随着互联网、物联网等网络资源的融合，带来虚拟资源、实体资源不受地理限制、时间限制、网络限制的新趋势，从而使科技创新人才可以在任何地点任何时间利用全球科技创新资源开展其科技创新活动。

（四）科技创新资源开发利用新模式

在科技创新资源开发利用方面，通过建立信息物理系统，重大科研基础设施、大型装备和实验仪器、科技公共服务平台等创新基础设施与各类研究网络可以连接起来，科技创新资源的横向集成、纵向集成以及端对端集成得以实现，连通成为可以承载各类科技创新活动的平台。

"政产学研联合模式"有助于提高稀缺资源的利用效率，加强产业内合作，降低成本与风险。日本政府出台了一系列相关制度和法规，用于指导和推进合作研究活动，将外来技术与本国技术能力相结合，推动技术创新成果向产业界转移。此外，产学研结合也一直是美国制造业创新的一种重要模式。我国也积极推动产学研联合模式，科技创新方向及发展也依赖于政府引导与推动。

科技创新资源开放共享利用能够加速知识传播与扩散，从而高效利用资源。美国实施数据共享战略，为国有科学数据的"完全与开放"共享管理机制提供了保障，同时注重仪器设备共享使用。我国工业和信息化部、财政部于 2018 年 5 月 23 日发布《国家新材料产业资源共享平台建设方案》，旨在通过完善新材料产业资源共享服务生态体系，实现 2025 年新材料产业资源共享能力整体达到国际先进水平的目标。

国家科技基础条件平台体系已成为优化配置科技资源的重要载体。我国初步建成以研究实验基地和大型科学仪器设备、自然科技资源、科学数据、科技文献等六大领域为基本框架的国家科技基础条件平台建设体系。各个地区也都因地制宜，根据各地的实地需求及科技基础优势，创立了各有特色的科技平台。

三、创新活动的边界不断拓宽

科技创新活动不断突破地域、组织、技术的界限，演化为各种类型的创新体系。大数据时代的科学研究范式正发生一系列改变，由数字化转型、经济与社会建设智能化（数据、算力、算法）、城市化2.0三大动力共同推进研究范式迭代，数据密集型科学研究成为第四种研究范式，有组织有计划的颠覆式创新已成为世界主要国家的共同选择。

（一）网络化、数字化、平台化及社会化研发趋势明显

1. 网络化

网络把整个互联网整合成一台巨大的超级计算机，实现了计算资源、存储资源、数据资源、信息资源、知识资源、专家资源的互联互通和全面共享。网络技术不仅为我们赖以生存的世界开创了全新的开放局面，也为科学研究带来了更迅捷的基础条件和新的科研方式。

2. 数字化

利用数字化技术，信息将以30万千米每秒的速度进行交换。数字经济与实体经济深度融合是未来我国经济发展的大趋势，二者深度融合，将会成为中国经济高质量发展的新动能。各国政府已着手开展数字化发展的战略部署。数字化发展重点逐渐从基础网络设施的建设转向整合数字能力的系统性建设。数据既是科研活动的基础性资源，也是提高资源配置效率的重要工具，[①] 未来将成为新的关键生产要素，被不断提

---

① 杨晶、李哲：《试论数字化转型对科研组织模式的影响》，《自然辩证法研究》2020年第36期。

炼、加工和分析，价值不断提升，有效促进全要素生产率优化提升，为经济发展提供新动能。数字经济为科学研究提供了丰富的研究资源和全新的研究方式，新环境下的科研组织行为和科技创新模式也为经济发展带来更加强劲的动力。

3. 平台化

科研平台不仅是提升研究人员创新和实践能力的重要载体，也对促进科研机构可持续发展有着重大的意义。目前我国科研平台种类繁多，包括开放数据探索类平台、科研成果转化类平台、人才培养基地等。一些高校和科研院所也拥有自己的科研平台，用以培育重点项目，促进协同创新。这些平台不仅为科学研究提供了良好的展示和交流的途径，也对提高科研水平、促进学科交叉和融合、加强高层次创新人才培养起着至关重要的作用。

4. 社会化

社会化是个体在特定的社会文化环境中，学习和掌握知识、技能等社会行为方式和人格特征，适应社会并积极作用于社会、创造新知识和新文化的过程。随着社会化进程的推进，科研不再是科学家孤独的事业，而是更加需要与实际社会需求相结合，在相互沟通交流中促进进步的过程。借助全球多学科的社会化网络，可以深化国际科技交流与合作，提升科学研究的效率和质量。

（二）大数据时代下的科学研究新范式

随着数据成为创新资源，大数据分析技术的深度应用，以及以数据中心、智能计算中心为代表的算力基础设施的逐步成熟，在实验归纳、模型推演、仿真模拟等基础上，数据密集型科学发现开始成为第四种研究范式，使得策略化、有组织的颠覆式创新成为可能。

继实验科学、理论科学、计算科学之后，"数据密集型科学"成为第四种科学发现新模式，采集、存储、管理、分析可视化数据成为科学研究的新手段和新流程。这一科学发现新模式强调数据作为科学发现的基础，并以数据为中心和驱动、通过对海量数据的处理和分析去发现新知识为基本特征。

从研究边界看，大数据科研新模式突破传统科研模式的局限，样本数趋近于全样本研究，研究范围逐渐接近应用边界。从研究流程看，第四范式从假说驱动型的研究方法发展为大数据科研新范式。假说驱动的方法研究流程通常为发现问题、形成假说、试验和数据收集、数据分析、结论推广。而大数据科研新范式则以数据密集型研究为中心，研究流程通常为：制定数据标准，信息化建设（收集数据、建立数据中心），算法研究，多假设迭代筛选，验证与结论。

颠覆式创新需要突破传统的创新范式，寻求革命性成果的产生，而随着科学研究第四范式的兴起，以大数据、人工智能、物联网为代表的颠覆式技术创新受到广泛关注，数据驱动逐渐成为科学研究的核心方法，为更多颠覆式技术创新的出现带来新的机遇。每天都有新技术涌现，但只有当技术创新足够强大，产品或服务的底层技术逻辑才会被动摇。诸如非关系型数据库（NoSQL）和分布式系统基础架构（Hadoop）

之类的大数据技术可以被视为加速这种创新的催化剂。实际上，大数据带来的颠覆性创新是大数据分析流程和技术。这不仅给科研工作者带来了新的技能、技术和工具，还带来开放的思维方式，使得科研工作者能重新考虑其长期以来遵循的流程，并改变其运作方式。

为迎接大数据时代的激烈竞争，世界主要国家在颠覆式技术创新方面都做了不少努力，各国具体政策及发布者如表 3-5 所示。英国政府在《产业战略白皮书》中指出如何将颠覆性技术创新转化为实际产品。美国战略与国际研究中心指出颠覆式技术创新对各领域的重要影响。日本科学技术厅则指出颠覆式技术创新将带来产业和社会的重大变革。中国共产党十九大报告强调要重点关注颠覆式技术创新以推动我国科技发展。

表 3-5　主要国家在颠覆式技术创新组织方面的线索

政策名称及发布者	具 体 来 源
《产业战略白皮书》英国政府	先锋基金将把新的颠覆性业务与现有业务结合起来，以了解如何将这种新兴技术转化为将来成为行业基础的产品
Defense2045 美国战略与国际研究中心	破坏性技术的扩散将进一步挑战现有的权力结构，无论是经济的、军事的，还是政治的
ImPACT 日本科学技术厅	目的是创造具有破坏性的创新，这种创新将带来产业和社会状况的重大变化，如果实现这一点也将震惊世界，并促进高风险和高影响力的研发
中国共产党十九大报告	加强应用基础研究，拓展实施国家重大科技项目，突出关键共性技术、前沿引领技术、现代工程技术、颠覆性技术创新、为建设科技强国、质量强国、航天强国、网络强国、交通强国、数字中国、智慧社会提供有力支撑。加强国家创新体系建设，强化战略科技力量

（三）未来我国科研信息化的发展方向

受相关技术发展的影响，新一代信息技术正在发生"代际变迁"，快速进入"大智移云物"时代。科研信息化从为科研活动提供有效的工具和环境，逐步演进为与科研对象、科研过程融为一体，成为新形势下科研活动的重要组成部分，进入 3.0 阶段，如图 3-5 所示。

但与发达国家科研信息化水平相比，我国总体仍处于落后和追赶阶段，即使是我国最早实施科研信息化的中国科学院，与发达国家的领先科研机构相比，在科研信息化基础设施、资源以及应用方面仍稍逊一筹。

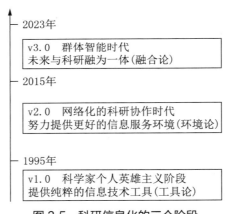

图 3-5　科研信息化的三个阶段

在以大数据科学为核心的第四研究范式下，未来我国的科研信息化水平应该向发达国家对齐，建立更加完善的科研信息管理机制，科研活动和学科发展应向信息化全面转型，培育开放共享协同的科技文化，同时注重数据安全治理，为国家科技长远发展与创新型国家建设提供坚实支撑和保障。

第三节　新一轮科技革命对国家创新体系的新需求

新形势下新需求不断涌现，把握需求才能构建国家创新体系新格局。本节从政治、经济及社会三个层面关注新一轮科技革命下国家创新体系建设过程中面临的新需求，为提升国家创新体系整体效能总体思路的形成提供基础。

一、国家战略安全的新需求

从政治层面的逻辑看，保障国家安全是国家创新体系功能的首要内容。2014 年 4 月 15 日，习近平总书记主持召开中央国家安全委员会第一次会议并发表重要讲话，强调"要准确把握国家安全形势变化新特点新趋势，坚持总体国家安全观，走出一条中国特色国家安全道路。"[①] 可见，保障国家安全是提高国家治理能力的重要前提，而国家治理能力的提高又能为国家安全提供坚强的保障。

（一）国防科技发展保障

国防科技创新大多集中在尖端和前沿领域，具有较强的溢出效应和拉动效应。加快推进国防科技创新，不仅能够带动国家总体科技水平更快跃升，并且已经成为"创新驱动"与"科技强军"两大战略的交汇点。因此，建设世界科技强国，亟须加快推进国防科技创新。

---

① 习近平：《坚持总体国家安全观　走中国特色国家安全道路》，新华网，http://www.xinhuanet.com//politics/2014-04/15/c_1110253910.htm，2014 年 4 月 15 日。

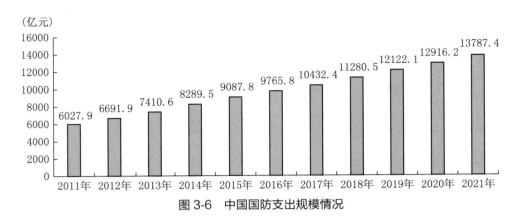

图 3-6　中国国防支出规模情况

世界主要国家纷纷开展军事改革，国际竞争形势日趋激烈。[①] 近年来，我国也集中出台一系列重大举措深化科技体制改革，汇聚力量攻坚战略性高技术领域，取得了神舟、蛟龙、墨子、悟空等事关国家安全的前沿性重大创新成就，展现出科技创新"国家队"的强大实力。

2011—2021 年，中国国防支出从 6027.9 亿元人民币增加到 13787.4 亿元人民币（如图 3-6 所示）。国家财政支出年平均增长 9.5%，国防支出年平均增长 9.1%。与世界主要国家国防支出相比，中国国防支出占国内生产总值和财政支出的比重偏低（如图 3-7 所示）。这主要是因为我国发展国防力量重在战略防御。

但也要看到，我军现代化水平与国家安全需求相比仍存在差距，与世界先进水平相比仍存在差距。[②] 当前我国国防专利的实施运用水平不

---

① 新华社：《新时代的中国国防》，中国政府网，http://www.gov.cn/zhengce/2019-07/24/content_5414325.htm，2019 年 7 月 24 日。

② 规划司：《加快国防和军队现代化》，中国国家发展和改革委员会，https://www.ndrc.gov.cn/fggz/fzzlgh/gjfzgh/202112/t20211225_1309729.html?code=&state=123，2021 年 12 月 25 日。

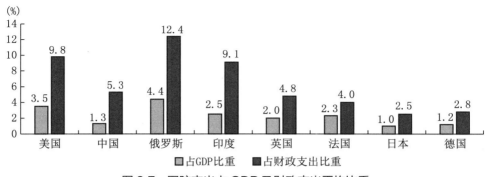

图 3-7　国防支出占 GDP 及财政支出平均比重

高，特别是在提升国家科技创新能力，带动国民经济发展方面尚未发挥应有的作用，有必要在国防科技创新的保密解密、收益分配、信息公开等方面进行深入探索。① 未来推进国防科技工业治理现代化，必须兼顾国家安全和发展利益，从顶层设计上强化党对国防科技工业总揽全局、协调各方的领导核心作用。②

（二）高新科技发展的安全保障

在新一轮科技革命背景下，当今的国际关系受到科技进步更为显著的影响，信息网络时代使得国家治理受到更加多样化的挑战。基于外部竞合需求，全球创新版图正在重构，国际竞争格局和形势更加复杂。③要面向世界科技前沿，要加强基础前沿部署，实施更加开放包容、互惠共享的国际科技合作战略，既要持续推动中美科技交流，也要深耕细

---

① 许可、郑宜帆：《中国共产党领导科技创新的百年历程、经验与展望》，《经济与管理评论》2021 年第 37 期。
② 汤薪玉、李湘黔：《新时代国防科技工业治理的体系框架与实现路径》，《科学管理研究》2021 年第 39 期。
③ 胥和平：《全球变局与创新深化》，《安徽科技》2020 年第 1 期。

作对欧科技合作，探索疫情防控常态化下的新型合作方式，立足经略周边和夯实与发展中国家团结合作关系，拓展与亚非国家科技合作深度和广度。①

其中，高新技术是国家发展的战略制高点，是夺取战略优势的关键。以美国为主的西方国家加大了对中国的科技封锁力度，实施定点打击，正常的国际科技交流与合作被阻断。封锁与制裁，历来是美国直接战争手段之外最有力的战略工具。从 2018 年起，美国就开始全面遏制中国科技产业，遏制中国高科技企业的崛起和超越，并以国家安全关切为由，将中科曙光和江南计算技术研究所等 5 家中国实体列入出口管制"实体清单"，禁止其向美国供应商采购零部件。2020 年 5 月美国禁止半导体制造厂为华为制造用美国电子设计（EDA）工具设计出来的芯片。美国在技术领域对华封锁，推动形成中美"高科技脱钩"的战略意图非常明显。鉴于半导体业是未来科技发展基础，我国推出一系列支持半导体产业发展的政策（如表 3-6 所示），旨在进一步推动我国半导体产业发展，增强产业创新能力和国际竞争力。

中美贸易摩擦对产业链的影响不容小觑。最直接的就是生产下降导致货运量减少，仅以钢铁和铝等大宗货物而言，港口集装箱吞吐量就会有所下降。诸如此类的国家竞争引发的产业和经济安全问题频出，全面落实总体国家安全观刻不容缓。

---

① 王志刚：《坚持"四个面向"的战略方向　开启建设世界科技强国新征程》，《旗帜》2020 年第 10 期。

表 3-6　半导体产业部分政策文件汇总

发布时间	发布部门	政策名称	重点内容解读
2018 年	国家统计局	《战略性新兴产业分类（2018）》	将集成电路制造和半导体分立器件制造列为战略性新兴产业
2019 年	财政部	《关于集成电路设计和款件产业企业所得税政策的公告》	依法成立且符合条件的集成电路设计企业和软件企业，在 2018 年 12 月 31 日前自获利年度起计算优惠期
2020 年	发改委、科技部、工业部、财政部	《关于扩大战略性新兴产业投资培育壮大新增长点增长极的指导意见》	加快基础材材料、关键芯片、高端元器件、新型显示器件、关键软件等核心技术攻关
2021 年	国务院	《"十四五"数字经济发展规划》	重点布局第三代半导体等新兴技术

二、可持续发展的新需求

从经济层面的逻辑看，经济发展是国家生存和发展的物质保障。切实贯彻新发展理念，实现经济可持续发展、升级优化产业体系、破解核心技术瓶颈已成为解决各种挑战的关键所在。

（一）经济可持续发展保障

可持续发展要求人类在发展中讲究经济效率、关注生态和谐和追求社会公平。当今科学技术发展呈现出多点、群发突破的态势，正在孕育的新一轮科技革命，将有力支撑经济社会和生态环境的可持续发展。[1]

20 世纪 80 年代以来，自然灾害、经济危机、社会冲突和生态退化不断威胁着人类社会的可持续发展。[2]随着全球经济一体化程度不断加深，经济危机呈现出高扩散性。据《可持续发展蓝皮书：中国可持续发

---

[1] 白春礼：《加强科技创新　促进可持续发展》，《人民日报》，国家能源局，http://www.nea.gov.cn/2012-06/21/c_131667897.htm，2012 年 6 月 21 日。

[2] Sørensen M. P. Ulrich Beck, "Exploring and Contesting Risk", *Journal of Risk Research*, Vol.1, No.21, 2018.

展评价报告（2021）》显示，2015 年到 2019 年，我国可持续发展总指标保持稳步向好，2019 年指标值为 82.1，较 2015 年增幅达 39%，年增长率均值约 8.7%。总体看来，我国在经济发展、社会民生、资源环境、消耗排放和治理保护五大方面取得积极进展和成效。同时，蓝皮书也指出"十四五"时期中国可持续发展面临四个方面的新挑战：（1）以煤炭为主的能源结构决定了碳排放规模较大；（2）钢铁等高碳产业规模庞大意味着碳减排压力较大；（3）现有节能减碳技术能力满足不了高质量发展要求；（4）低碳消费理念和行动尚有待在全社会倡导推行。[1]

党的二十大报告指出："尊重自然、顺应自然、保护自然，是全面建设社会主义现代化国家的内在要求。"[2]2020 年，我国生态环境质量持续改善，自然生态状况总体稳定，森林覆盖率从 1992 年的 13.92% 上升到 23.04%，如图 3-8 所示。但是，局部区域生态退化等问题仍比较严重，生物多样性下降的总趋势尚未得到有效遏制，生态系统质量和稳定性有待提升。[3]

---

[1] 中国国际经济交流中心:《〈可持续发展蓝皮书：中国可持续发展评价报告（2021）〉在京发布》，中国国际经济交流中心官网，http://www.cciee.org.cn/Detail.aspx?newsId=19539&TId=8，2021 年 12 月 24 日。

[2] 习近平:《高举中国特色社会主义伟大旗帜　为全面建设社会主义现代化国家而团结奋斗——在中国共产党第二十次全国代表大会上的报告》，中国政府网，https://www.gov.cn/xinwen/2022-10/25/content_5721685.htm，2022 年 10 月 25 日。

[3] 黄润秋:《国务院关于 2020 年度环境状况和环境保护目标完成情况、研究处理土壤污染防治法执法检查报告及审议意见情况、依法打好污染防治攻坚战工作情况的报告》，中国人大网，http://www.npc.gov.cn/npc/c30834/202104/3686107825e44b5d9d735ee05a580837.shtml，2021 年 4 月 29 日。

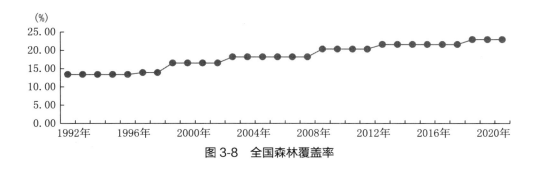

图 3-8　全国森林覆盖率

（二）现代化产业体系发展的需求

2022 年 12 月 15 日，习近平总书记在中央经济工作会议中提出："加快实现产业体系升级发展。要在重点领域提前布局，全面提升产业体系现代化水平，既巩固传统优势产业领先地位，又创造新的竞争优势。"[①] 首先，要把实体经济作为经济发展的主要支撑点，就要确定以制造业为核心的发展方向。作为实体经济基础的制造业，参与构建国家现代工业体系的各个方面。现阶段我国制造业体系有着体量大、实力强等主要特点，但与现代化产业体系建设的实际需求相比还存在一些差距。特别是，新一轮的科技革命给我国的产业体系发展带来了新的风险和挑战。其次，传统产业的改造升级结果直接关系到现代化产业体系的整体发展进程。传统产业并不意味着就是低端落后产业，可以通过对现有技术改进和装备改造升级，加快实现产业发展的智能化、绿色化、现代化、高端化。对我国大多数体量较大的传统产业而言，更应当夯实基础，补齐短板，巩固提升，发挥全产业链整合优势，支持产业体系中龙

---

① 习近平：《当前经济工作的几个重大问题》，《求是》，中国政府网，https://www.gov.cn/xinwen/2023-02/15/content_5741611.htm，2023 年 2 月 15 日。

头企业做强、做优，进而有效提升产业核心竞争力。最后，新兴产业的发展是激发增长新动能的重要途径，也是现代化产业体系建设的重要方面。政府、企业和社会各方需要共同努力，为新兴产业发展创造良好的环境和条件。各方应当集中资源攻克其中难点，深入挖掘其中潜力，最终形成产业协调统筹发展的新格局。

（三）核心技术攻关的需求

关键核心技术是国之重器，对推动我国经济高质量发展具有十分重要的意义。所谓"卡脖子"困境，是指国外对我国的专利壁垒、技术封锁、投资限制、产品进出口限制和市场准入限制等导致我国关键核心技术被"卡脖子"的风险，以及由此引发的企业生存、技术突破、产业发展甚至是国防安全方面的重大挑战。科技创新蓬勃发展的进程中，具有重要颠覆性技术潜力的科学发现和技术发明崭露头角，科技创新速度加快，及时评估具有颠覆性创新潜力的科技领域，并给予政策支持是加快塑造科技创新新动能的重要方式。

新一代人工智能、量子信息、集成电路、生命健康、脑科学与类脑研究、基因与生物技术、临床医学与健康、空天科技、深地深海等前沿领域将是我国集中力量重点攻关的领域。一方面，我国必须发挥新型举国体制的制度优势攻克一批"卡脖子"技术，加速数字信息技术、生物技术、能源技术、先进制造技术、新空间开拓技术等前沿热点研究及科技成果转化。譬如，人工智能、5G、量子科学、物联网、区块链、云计算、大数据、虚拟现实（VR）、脑科学研究、合成生物学、基因编辑、再生医学、DNA 存储、分布式发电、"发电玻璃"、先进储能、能源互联网、高效燃料电池、机器人、3D 打印、数字孪生、工业互联网、新材料、深空、深海、深地技术等。另一方面，突破关键核心技术不仅需要调动科研人员的积极性，还需要资金及物质技术条件等方面的支持。给予科学研究足够的自由裁量空间，鼓励科研院所和科研人员进入企业，完善创新投入机制和科技金融政策，加强对科学家在未知领域探索研究的支持，鼓励科学研究的多样性，关注新兴交叉学科发展。

三、以人民为中心的新需求

从社会层面的逻辑看，科技创新要以人民为中心，充分发挥科技创新在提升民生福祉方面的作用。科技创新要满足人民对美好生活的需要，实现好、维护好、发展好最广大人民根本利益，紧紧抓住人民最关心最直接最现实的利益问题。人民性是习近平关于科技创新重要论述的鲜明特征之一，其理论内涵主要涉及科技创新的目标导向、实践主体、价值归宿三个方面，即"为了人民""依靠人民""人民共享"。①

（一）人民根本利益实现的需求

"为了人民"是指科技创新应当实现人民的根本利益。民生是人民幸福之基、社会和谐之本，增进民生福祉是发展的根本目的。于我国而言，增进民生福祉就是不断增强人民群众获得感、幸福感、安全感。习近平总书记在党的二十大报告中提出："增进民生福祉，提高人民生活

---

① 武彦、余丽芳：《习近平新时代科技创新重要论述的人民性特征研究》，《齐齐哈尔大学学报》（哲学社会科学版）2022 年第 12 期。

品质。"① 据联合国发布的《2022年世界幸福报告》显示，幸福指数排名前十的国家主要为欧洲国家。我国的幸福指数为 5.585 分，在榜单 146 个国家和地区中排名第 72 位，处于中间的位置。该排名的评分指标主要包括：人均国内生产总值、社会支持、预计健康寿命、自由选择生活、慷慨、看待腐败等。其中，中国大陆排名的上升得益于预计健康寿命、自由选择生活、慷慨、看待腐败等指标的全面提高。

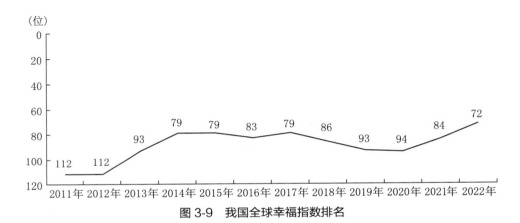

图 3-9　我国全球幸福指数排名

人民健康是社会主义现代化的重要标志，要把保障人民健康放在优先发展的战略位置。近年来，我国政府不断出台政策，中央和地方持续加大投入力度，建立健全基本医疗卫生服务，着力提高公平性和可及性。《"十四五"优质高效医疗卫生服务体系建设实施方案》提出要深度运用 5G、人工智能等技术，打造国际先进水平的智慧医院，建设重大疾病数据中心。因此，科技工作面向人民生命健康，必须聚焦重大疾病

---

① 习近平:《高举中国特色社会主义伟大旗帜　为全面建设社会主义现代化国家而团结奋斗——在中国共产党第二十次全国代表大会上的报告》，中国政府网，https://www.gov.cn/xinwen/2022-10/25/content_5721685.htm，2022 年 10 月 25 日。

防控、人口老龄化和食品药品安全等重大民生问题加强定向研究，强化高质量的科技供给，满足人民高品质生活的消费需求。

（二）调动人民主体作用的需求

"依靠人民"指的是国家科技创新的主体是人民。国家的竞争归根结底是人才的竞争，人是科技创新中最关键的因素，人才是第一资源。因此，需要进一步推动"大众创业、万众创新"工作，不断发挥人民群众在科技创新事业中的主体作用。而调动人民参与科技创新的积极性需要采取必要的激励手段。通常情况下，建立健全创新奖励机制可以挖掘民间潜力，充分调动大众投身于创新的积极性和主动性，并最终形成良好的大众创新生态。

近年来，促进科技成果转化法等一系列法律法规的修订和施行，标志着科技创新的法治保障基本建立；《关于实行以增加知识价值为导向分配政策的若干意见》《关于深化科技奖励制度改革的方案》等，为开展科技激励提供了政策支撑；以增加知识价值为导向的分配政策顺利实行，分类推进人才评价机制改革稳步开展，高校院所科研相关自主权逐步扩大，企业研发费用加计扣除等相关政策全面落实……各领域的科技创新激励机制同步建立，为科技创新发展打下了坚实的基础。但是我国科技激励仍存在国家使命导向激励不足、一线科研团队获得感不强、基础研究资金投入不足、青年科技人才成长环境保障不足等短板，仍然需要不断深化科技激励机制改革，建立"以人为本，人尽其才"的科技激励工作体系。

（三）科技成果惠及全民的需求

"人民共享"即科技成果应当惠及全体人民，科技成果应该服务于民生改善、社会进步、全球治理等方面。我国一直倡导和坚持的共同富裕，就是全面建成社会主义现代化强国的重要体现，科技创新将为实现第二个百年目标创造不可或缺的基础。[①] 党的十八大以来，党中央把逐步实现全体人民共同富裕摆在更加重要的位置上，旨在进一步解决我国发展不平衡不充分问题，逐步缩小城乡区域发展和收入分配差距，推动全体人民共同富裕。在这一过程中，必须把科技创新作为促进共同富裕的关键支撑，着力提高发展的平衡性、协调性、包容性，在高质量发展中实现共同富裕。

具体而言，科技创新可对财富创造的分布、财富合理分配等产生影响，将在促进共同富裕中起到引领和支撑作用。产业发展不平衡、产业体系现代化水平差异大等问题是地区之间、行业之间、城乡之间发展不平衡的根本原因所在。因此，依靠科技创新系统推动产业体系现代化，包括产业集群化、产业基础高级化、产业链现代化、区域产业一体化发展；优化分配结构，发展壮大中等收入群体，有利于增强高质量发展的内生动力，是畅通国民经济循环的一个关键环节。通过信息技术加大税收、社会保障、转移支付等方面的调节力度和精准性，形成初次分配、再分配、三次分配协调配套的基础性制度安排。

[①] 徐占忱：《全球科技创新态势与中国应对》，《国际经济分析与展望（2017～2018）》2018年。

第四章

国家创新体系建设的国际经验借鉴及评估分析

美国、德国、日本是当今全球科技竞争中的强国，其国家创新体系各有特点，并在新一轮科技革命背景下纷纷出台各类政策和举措谋求在未来科技竞争中掌握主动。美国早在 20 世纪初就开始崛起成为全球科技创新中心国家，尤其是到二战之后，美国凭借其超过所有经济合作与发展组织国家总和的研发投入和强大的国家创新体系，在军事、航空航天、信息技术等领域取得一系列前沿突破，成为全球科技创新高地。德国在工程技术、汽车制造、机械制造等制造业领域拥有独特的优势和地位，20 世纪 80 年代末，其出口商品总额远远超越日本并达到了与美国持平的状态，按人均值计算则达到美国的 4 倍，其国家创新体系在技术教育方面的独特优势发挥了不可替代的作用。日本从 20 世纪 50 年代开始崛起，凭借其在汽车、电子、机械等制造业领域的迅速崛起，在技术创新和高品质制造方面成为全球科技创新中心之一。

本章将围绕美国、德国、日本三大科技强国提升国家创新体系整体效能的关键举措进行系统梳理和分析，并通过设计评价指标体系对中、美、德、日四国的国家创新体系整体效能进行评估和比较分析，以发现我国国家创新体系建设中存在的短板和问题。

第一节　主要科技强国提升国家创新体系整体效能的经验借鉴

本节以美国、德国、日本为例，探索其提升国家创新体系整体效能的经验借鉴。

一、美国提升国家创新体系整体效能的经验借鉴

（一）科技子系统：大力支持基础研究，集中力量发展重点领域

在科技研发方面，美国重视基础研究、高技术领域、前沿领域和未来产业领域的研发，其国家创新体系发挥作用主要通过以下三个方面：在基础设施建设和资助补贴方面，主要通过政府主导和牵引，通过投资建设科技基础设施、资助基础研究领域等方式选择重点领域进行资助和支持；在技术攻关方面，通过组建国家实验室体系，调动多方资源，开展关键技术领域的攻关；在战略规划层面，通过系统性出台各类计划和法案，引导科技研发聚焦前沿领域。

1. 政府主导基础建设，推动重点领域发展

随着新一轮科技革命加速演进，联邦政府开始发挥科研引导作用，在关键研究领域进行持续的投资。[①] 如美国于 1993 年出台的"信息高速公路"计划标志着一项重大的全国资讯基本建设计划（NII）启动。[②] "信息高速公路"的出现，标志着全球信息革命中一个新时期的

---

① 周光礼、姚蕊：《有组织科研：美国科教政策变革新趋势——基于〈无尽的前沿：未来 75 年的科学〉的分析》,《清华大学教育研究》2023 年第 44 期。
② 张敏谦：《跨世纪的蓝图——美国"信息高速公路"计划评析》,《世界知识》1994 年第 3 期。

到来。信息高速公路的主要内容包括综合与集成各种信息网络、信息设备、通信技术、各种形式的信息及信息从业人员和用户。受惠于此战略，美国经济在 20 世纪 90 年代中后期经历了历史上罕见的长时间繁荣，不仅增加了就业机会，而且使美国在全球的霸主地位得以继续稳固。此后，其他国家也开始投入到信息高速公路的建设中。[①]

2. 优化国家实验室管理模式，调动多方创新力量

美国国家实验室是美国联邦政府在特定时期，根据国家战略导向，建立的一批肩负"国家使命"的科研机构，或采用国有国营（Government-Owned，Government-Operated，GOGO）管理模式，或采用社会创新力量参与的国家实验室国有民营（Government-Owned，Contractor-Operated，GOCO）模式。[②]实行 GOGO 模式的国家实验室由联邦各部门直接管理，此类国家实验室完全是国家性质的科研机构，主要聚焦国家公益性或涉及国家安全的科技领域。除了由企业负责运营外，美国能源部下属的国家实验室 GOCO 模式在深化与社会创新力量融合方面还有以下特点：一是政府长期稳定支持和规制保障；二是管理和运营（M&O）合同的特殊权限，联邦政府可以更大程度利用企业的管理经验和灵活性来完成战略研发任务，企业也可以借助政府的特别支持以吸引和留住高级人才。在美国实验室 GOCO 模式中，社会创新力

---

① 曾津：《中国"新基建"与美国"信息高速公路计划"及其比较研究》，《新经济》2020 年第 12 期。

② 陈强、夏星灿：《建制性科技力量与社会创新力量融合：美国和德国的经验及启示》，《创新科技》2023 年第 23 期。

量通过政策的稳定支持、M&O 合同的特殊权限和链式管理等获得建制性科技力量的科技资源和专业指导。这一方面有助于项目完成，另一方面有助于社会创新力量研发能力的提升。

3. 出台相关计划及法案，提升战略规划能力

美国通过颁布各项计划和法案，充分保障了科技研发的高效及有效性。美国出台《无尽前沿法案》《芯片和科技法案》《国家生物技术和生物制造计划》等系列政策法案，支持前沿科技领域的创新发展，以应对科研成果转化效率和创新体系效能下降的不利局面。以美国白宫科技政策办公室 2019 年发布的《国家人工智能研究与发展战略计划》为例，该计划确立了八大研发战略及三大愿景，意在引领人工智能技术突破和产业发展，维持美国全球人工智能领导地位。[①] 该计划的重点集中在行业难以自行攻关的领域，这些领域也能让政府在投资中受益，涉及人工智能的各个方面，包括感知、自动推理、认知系统、机器学习、自然语言处理、机器人等。对比 2016 年的版本，新版计划高度重视人工智能对维护国防安全的作用，并指出人工智能潜在的安全威胁。

（二）教育子系统：全方位推动科教融汇，不断改善产学研合作生态

在科技人才培育方面，美国从教育和科技两个基础方面着手，非常注重对国家未来发展的投资。从科教融汇的角度看，主要依托高校的创新创业教育体系及科研项目，全面、高质量地培育科技人才；从产教融

---

① 于成丽、胡万里、刘阳：《美国发布新版〈国家人工智能研究与发展战略计划〉》，《保密科学技术》2019 年第 9 期。

合的角度看，通过产学组织间的合作，形成生态网络，提升人才面向未来的实践能力。

1. 全方位促进科教融汇，高水平提升教育实效

美国的科教融汇学习借鉴了德国洪堡大学的办学理念，并在此基础上与本土实用主义有机结合，后续通过吉尔曼（Daniel Coit Gilman）、博耶（Ernest L. Boyer）等实践，最终形成了威斯康星理念（Wisconsin Idea），呈现出结构化、制度化、市场化和动态化等特征。[1] 从教育理念的角度看，美国从最开始纯粹的单一教学任务，到认识到科研的重要性，将其提到与教育同等的高度，最后再到科教融汇的发展过程。从组织创新的角度看，随着科研任务的增加和专业化程度的提高，高校开始设立独立的研究机构，由于本科人才培养的需要，这些独立的研究机构也会转为学院，形成动态的矩阵结构，促进教育与科研之间的有机结合。

2. 开拓创新创业项目，培养国际型创新人才

美国高校极其重视创新创业相关课程及活动的设计，为形成科教融汇的教育生态体系付出巨大努力。从创新创业教育的本质出发，创新创业教育生态系统是"创业性"和"教育性"的融合，是实现从知识生产到知识扩散再到价值扩散的创造过程，[2] 更是培养更贴合"未来发展"的人才的有效途径。

---

[1]　张炜：《科教融合的发展演变与分层治理》，《科教发展研究》2023 年第 3 期。

[2]　贾建锋、赵若男、朱珠：《高校创新创业教育生态系统的构建——基于美国、英国、日本高校的多案例研究》，《管理案例研究与评论》2021 年第 14 期。

表 4-1　美国部分高校的创新创业教育模式

高校	百森商学院	麻省理工学院	斯坦福大学
办学理念	为美国的大学生设定"创业遗传代码",以造就"具革命性"的创业一代	培养学生具有创新精神,更加注重实践,强调理论和实践的知行合一	大学应该成为研究与发展中心,培养师生的创业精神
创新创业教育课程	课程设置由战略与商业机会、创业者、资源需求与商业计划、企业融资和快速成长等五部分组成,构建了"创业课程—课外活动—研究"为一体的创新创业教育课程体系	开设超过 60 门创业相关系列课程,包括核心创业技能课程、行业创业课程、创立公司与企业发展课程	课程模块由创业基础课、体验式课程、功能性课程、行业特定课程、社会创新课程组成
创新创业教育师资	不仅拥有学术造诣高深的专业教授,还有创业经验丰富并具有理论研究功底的创业导师	创建由学科型学者、成功企业家和经验丰富的风险资本家组成的授课团队	教师队伍构成上呈现多元化的特点,教师均有企业实训的经历,学校鼓励教师开展创新、创业
创业组织	卓越创业者协会	麻省理工学院创业中心	校友联盟组织、创业研究中心
特色活动	"成功跨代创业实践"项目	10 万美元创业大赛,创业启动项目	StartX 加速器,斯坦福创业网络
创新创业教育成就	本科生创业学院连续 20 年位列全美第一,研究生创业学院连续 24 年位列全美第一(1994 年至 2017 年)	科林和海伦在麻省理工学院校园内创立 iRobot 公司	杨志远在斯坦福大学校园创业大赛中创建雅虎

其中,斯坦福大学更是于 2015 年推出《斯坦福大学 2025》计划。该计划由斯坦福大学设计学院负责,是以师生为主导的开放式教育创新项目。其中有四项核心设计——开环大学(Open-loop University)、自定节奏的教育(Paced Education)、轴翻转(Axis Flip)和有使命的学习(Purpose Learning),即"从封闭到开放性的开环大学""从统一到个性定制的自定节奏教育""从知识到能力的全面轴心翻转""从认识论到

政治论的使命性学习"，[1] 对高等教育界产生了深远的影响。开环大学旨在将封闭式大学转变为开放式大学模式，主要依靠打破时限式的弹性学制、理论与实践有机耦合及强大的校友联系网络；自定节奏的教育除去学习节奏的自由化，还包括各项个性化学习服务；轴翻转指以能力为标准划分院系、交叉学科培养模式及利用大数据和人工智能等新技术展现考核方式；有使命的学习意在培养学生的目的性学习能力及学习使命感。该计划凸显出多元化的人才培养模式特征，通过定制性学习及以能力培养为主的教学模式，旨在培养具有使命感的国际型创新人才。

3. 形成产学合作组织生态，助力产教融合

美国作为世界工程教育改革的领先者，积累了丰富的产教融合经验。[2] 美国研究型高校、社区学院开设校企合作课程的比例高达 70% 以上。[3] 在大学课程建设方面采用"合作教育"模式，即将学生课堂学习与生产性工作相结合的一种教育策略，通过将理论学习与专业实践相结合的方式来促进学生能力培养。[4] 在此类产学合作过程中，美国高校将搜索更为匹配的合作企业等伙伴，建立高强度支持的投入机制，并且对

① 孟艳：《〈斯坦福大学 2025〉计划：高等教育人才培养模式的革命式变革》，《现代教育管理》2019 年第 11 期。
② 沈洁、莫琦、谢雯：《匹配、融合、共生：美国卓越本科工程教育产教融合的改革实践——基于工程顶峰课程的案例研究》，《江苏高教》2021 年第 12 期。
③ 薛盈弟：《美国大学产学合作运行机制研究》，东北师范大学博士学位论文 2013 年。
④ 胡万山：《产教融合视域下国外应用型大学课程建设的经验与启示——以德、英、美、澳为例》，《成人教育》2023 年第 43 期。

整个合作项目做好管理机制设计，从多个方面促进形成更为优质的产学合作组织生态。

（三）经济社会子系统：主导国际科创治理，整合多方力量推动成果转化

在科技成果转化方面，美国国家创新体系建设的着力点主要体现在以下三个方面：在制度保障方面，推进知识产权立法，主导制定国际标准，从而为科技成果转化夯实基础；在载体支撑方面，作为领头者推动国际合作，牵头组建产业联盟，推动产业协同创新；在压力应对方面，将国家战略需求放在首位，充分调动军方力量。

1. 建立健全法律体系及国际标准，强化制度保障

制度保障是美国创新体系的坚实基础。目前美国的知识产权体系立法具有法律完备、保护途径完善、制度覆盖范围广、惩罚力度大等特征。美国的知识产权成文法包括联邦议会和各州议会制定的知识产权法律，联邦议会制定了专利法、商标法、版权法、贸易法等，各州也大多制定了自己的商标、版权法律。美国的知识产权保护分为三个层面：立法层面、行政层面、司法层面，从事前的授权保护到事后的救济保护都有所覆盖。在知识产权保护途径中，除了有民事和刑事的知识产权司法保护体系，美国还有比较有特色的行政保护，即337调查程序。另外展会和海关也有相应的知识产权保护机制，与司法程序相辅相成，形成了完备的保护体系。并且其对知识产权恶意侵权的行为打击力度较大，规定了惩罚性赔偿的原则。如美国专利侵权的损害赔偿包括补偿性赔偿和

惩罚性赔偿。惩罚性赔偿适用于故意侵权，是在补偿性赔偿的基础上提高至最高 3 倍，由法官根据侵权情节确定。

此外，为促进高校技术转移和技术商业化活动，美国也已经形成完整的法律体系，包括 1980 年的《拜杜法案》、1986 年的《联邦技术转移法》、1998 年的《技术转让商业化法》、1999 年的《美国发明家保护法令》、2000 年的《技术转移商业化法案》等。这些法律明确界定了国家投资所形成的知识产权归属和权益分配，推进高新技术的产业化，促进了技术的转移与扩散。

除了知识产权立法，美国对于国际标准制定也极其重视。直属美国商务部的美国国家标准与技术研究院（National Institute of Standards and Technology，NIST）从事物理、生物和工程方面的基础研究和应用研究，以及测量技术和测试方法方面的研究，提供标准参考数据及有关服务。其主要负责的是美国创新体系中的第二个层面，即应用基础研究、产品和工艺开发。NIST 由于具有国立研发机构的性质并且有明确的定位，保证了其权威性和运作的高效益。其经费的 90% 左右来自联邦政府，同时承担着政府的固定职责和任务，从而保证了政府意图在 NIST 能够得到充分体现。此外，NIST 将计量标准与技术研发有机结合、以中小企业为资助和服务对象、重视与大学的联合创新，这些都增强了其创新活力。①

---

① 顾建平、李建强、陈鹏：《美国国家标准与技术研究院的发展经验及启示》,《中国高校科技》2013 年第 10 期。

2. 促进面向特定国家的国际科技合作，组建科技产业联盟

美国为了赢得"大国竞争"，瞄准自身优劣势，主动与他国合作组建科技产业联盟，提升整体科技力量。2023 年 1 月，美国和印度举行"美印关键和新兴技术倡议"（iCET）第一次正式会议，会后发布倡议说明书，指出美印将在六大领域展开合作；2023 年 5 月，美国与日本围绕下一代芯片开发共同研发路线图，商讨了关于生物技术的创新性医药、人工智能及量子技术等具体化合作。除了对外合作外，美国也十分注重国内的产业协同。早在美日《半导体协定》签订的同一年，由联邦政府和大多数美国大型芯片公司共同出资成立美国半导体制造技术战略联盟（Sematech）。[①] 该联盟由 IBM、英特尔、摩托罗拉、德州仪器、惠普和国家半导体公司等几乎所有在美国半导体制造业中居领先地位的企业组成，计划每年投入 2 亿美元，专注于包括光刻、熔炉和注入、等离子体蚀刻和沉积等在内的关键加工技术的制造设备和工艺。Sematech 在实践过程中将研究重点放在研发半导体制造技术，即如何改进制造流程和更有效地使用制造设备，到后来开始重视制造设备相关技术，从而获得总体上的成功。到 1995 年左右，美国半导体产业已全面恢复在国际上的竞争力。特别是在半导体制造设备领域，美国的控制地位至今无人能够撼动。这是在 Sematech 领导下美国半导体产业上下游协同创新的重要

---

① 赵彬彬、陈凯华：《需求导向科技创新治理与国家创新体系效能》，《科研管理》2023 年第 44 期。

成果。①

3. 以国家战略需求为导向，提升压力应对能力

自 21 世纪以来，美国就不断改进创新模式，充分发挥集成创新、体系创新优势，形成独具特色的国家创新体系，以应对新形势下的各种挑战和压力。美国国防高级研究计划局（Defense Advanced Research Projects Agency，DARPA）逐步成为政府和军方力量引导高新技术发展的经典模式。

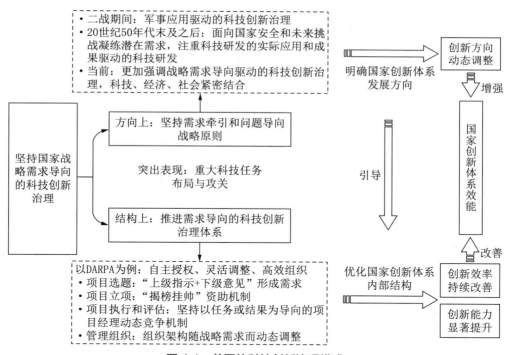

图 4-1　美国的科技创新治理模式

新一轮科技革命和产业变革背景下，美国更加强调战略需求导向

---

① 物联网智库：《美成立半导体联盟欲"围堵"中国，想延续 30 年前战胜日本的策略？》，雪球网，https://xueqiu.com/2596166299/180619242，2021 年 5 月 23 日。

的科技创新治理，开始将 DARPA 模式拓展到能源、气候、卫生等领域，促使科研成果更好地支撑经济社会发展。①2021 年 6 月，美国国会参议院通过《美国创新与竞争法案》等系列法案，国家科学技术基金会（NTSF）在组织管理上将独立于国家科学基金会（NSF），其组织运行遵循 DARPA 模式，从而使得科学研究与技术挑战能够相互融合。

二、德国提升国家创新体系整体效能的经验借鉴

（一）科技子系统：多政策联动，以"高技术战略"统领科技发展

1. 从顶层设计到战略实施，多级政策联动促进创新集群发展

联邦政府着眼于加快国家目前迫切需要和未来计划发展的技术研发，各州政府致力于加强区域创新成果产出和应用能力，并注重促进区域创新网络的形成。20 世纪 70 年代末，以 DNA 重组技术诞生为标志的现代生物技术开始在英美国家逐渐兴起，当时德国生物技术产业相较于美国落后近 20 年，比英国落后近 10 年。联邦政府意识到德国在生物领域科研能力方面欠缺和落后的境况后，于 1995 年投入 0.75 亿欧元，推出首个国家集群计划——生物区域计划（BioRegio），旨在通过竞赛方式筛选出最具竞争力的生物技术集群，给予政策扶持和保障，以促进德国生物技术产业发展。

生物区域计划的创新集群策动有两层特征。第一层特征体现为激励机制的先进性：联邦政府以高额奖金发起集群竞赛，鼓励各州集群

---

① 赵彬彬、陈凯华：《需求导向科技创新治理与国家创新体系效能》,《科研管理》2023 年第 44 期。

参与竞争。各州政府则主要负责支持、指导和联络区域创新集群，与大学、科研机构和企业等共商对策，谋求进一步激发创新资源和产业优势聚集效能。尽管可能在竞赛中会被淘汰，但在筹备竞赛过程中，地区创新凝聚力将逐渐增强，这种机制为区域产学研合作奠定了良好基础。从 1996 年起陆续出台的生物机遇计划及其补充计划看，联邦政府意在通过竞争机制促进区域产学研合作，实现资金有效配置，让优秀的集群拥有资金去发展生物产业，并进一步扶持科研机构和大学等创新主体，各州政府的任务则是构建区域创新网络，为产学研合作创造机遇和环境。第二层策动特征体现为两级政府在创新集群策动方面的分工和紧密合作：联邦政府在计划中确定了促进集群发展的鲜明主题，如 1999 年生物形象计划旨在进一步促进生物技术产业在推广、转化和应用方面的能力，在该顶层设计框架下，各州政府根据这些计划的主题相应开展地区创新集群策动，此举一来可以保证地区发展方向与国家战略指引的高度一致，二来地区可以获得国家资金支持，帮助集群更好更快发展。

从整体效用看，联邦政府和州政府协同策动创新集群，有效弥补了德国工业界与科学界之间的间隙，并成为推动德国创新能力全面发展的助推剂，不仅提升了高精尖领域的创新和成果转化能力，而且稳固了德国科技强国地位。从局部影响看，在联邦政府的宏观政策调控下，各州根据自身发展特点制定了相应的集群策动计划，结合国家政策背景找问题、补短板，提升了各州创新集群的经济产出能力。

2. 发挥国立科研机构作用，形成以"高技术战略"统领科技发展的格局

在战略性基础研究、应用研究和跨学科研究等方面分别布局国立科研机构，包括马普协会、弗劳恩霍夫协会、亥姆霍兹联合会、莱布尼兹科学联合会等。这些国立科研机构汇集了大量优秀科研人才，在国家科技发展中起着举足轻重的作用。[①]

德国政府非常注重战略与规划对创新活动的宏观引领，2006 年以来，德国政府预判科技创新趋势，相继出台多项高技术发展战略（如表 4-2 所示）。

表 4-2　德国高技术战略的演变与发展

战略名称	颁布时间	目标	优先领域与主题
《高技术战略》	2006 年	点燃创新	安全与健康生活、通信与移动技术、跨领域技术等 17 个尖端技术创新发展领域
《德国 2020 高技术战略》	2010 年	理念、创新、增长	气候/能源、健康/营养、交通、安全、通信等 5 大需求领域
《新高技术战略》	2014 年	为德国而创新	信息通信技术、医学等 6 类领域计划，中小企业研发、科技人才等 5 类引导计划，工业 4.0、个性化医疗等 10 个专项计划
《高技术战略 2025》	2018 年	面向人类发展的研究和创新	解决社会挑战、构建德国未来能力、树立开放创新和风险文化 3 大行动领域、12 个优先发展主题

为了应对全球化的激烈竞争，确保德国国际竞争力和技术领先地位，德国联邦政府出台了第一个全国性、跨部门和跨领域的科技发展战

---

① 袁传思、袁俪欣：《英美德日科技创新发展特点及启示》，《中国高校科技》2019 年第 S1 期。

略——《高技术战略》(High-Tech Strategy，HTS)，聚焦 17 个尖端技术创新发展领域，并首次提出产业集群战略。在推进"高技术战略"的框架下，德国政府强调创新是高技术战略的重大指导方针，其核心在于将研发与创新有机地结合起来，全面塑造德国在前沿领域的优势，有效提升德国的全球竞争力，并迎接 21 世纪的新挑战。

2010 年以后，德国创新政策开始更多关注环境与社会的可持续创新，应对社会转型的变化与需求，进入了以面向可持续发展目标为范式的新阶段。2014 年实施的《新高技术战略》注重创新主体与行为的差异性特征，形成以领域科技计划、政策引导类科技计划和专项科技计划三大类计划为主体的多层次科技战略规划体系。

2018 年，高技术战略进入新的调整周期，德国联邦政府出台《高技术战略 2025》(High-Tech Strategy 2025，HTS 2025)，以"面向人类发展的研究和创新"为主题，确定了 3 大行动领域和 12 个优先发展主题。到 2025 年，将科研支出占国民生产总值比值提高到 3.5%，进一步夯实德国科技创新的世界强国地位。①

（二）教育子系统：构建多元化培育体系，全方位提供人才保障

1. 积极培养和引进高技能及精英人才

一是实施双元职业教育制度。德国的双元职业教育制度，为年轻人提供了全方位、高价值的职业培训，为企业输送了大批高技能人才，是

---

① 陈佳、孔令瑶：《德国高技术战略的制定实施过程及启示》，《全球科技经济瞭望》2019 年第 3 期。

德国经济强劲增长的重要基础，在全球范围内得到认可。德国 1969 年颁布《联邦职业教育法》，并于 2005 年对其进行修订，规定职业教育包含职业准备教育、职业教育、职业进修教育、职业改行教育。2016 年德国有超过 42 万家企业提供培训，现有 327 个职业在德国可以接受正规培训。双元职业教育制度基于企业内部的在职培训和职业学校的课堂培训，学徒每周 3—4 天在企业接受实践训练，1—2 天在课堂上学习相关的理论知识，实践操作与理论知识紧密结合，并随技术发展不断更新，培训通常持续两年至三年半。德国政府还分别从不同角度推动双元职业教育制度的发展，如从提高教育和培训系统的透明度和转移机会、为未来准备职业教育和培训制度、促进机会平等和社会包容等方面出台政策和措施，改善职业培训市场的状况，缩小德国各类从业者之间的技能差距。

二是构建面向创新创业的教育体系。德国高校在 20 世纪末的全球表现不太理想，高等教育体系面临资金不足、培养质量滑坡等挑战，亟待改革，同时科技创新对于国家发展的重要性得到高度重视。2005 年，德国联邦教研部（Federal Ministry of Education and Research）和德国科学基金会（Deutsche Forschungsgemeinschaft）发起"精英倡议计划"（Excellence Initiative），资助期限为 2006—2017 年，德国大学的平等原则被打破，高等教育追求差异化发展，通过"研究生院""精英集群""未来构想"三条资助主线培养尖端人才，增强教研实力。此后，该计划升级为"精英战略"（Excellence Strategy），包含"精英集群""精英大学"两条资助主线。除此以外，德国政府还致力于在大学与研究机构营造创新创业氛围。"研究型校园计划"（Research Campus-Public-Private Partnership for Innovation）旨在支持高等院校、研究机构与企业开展中长期的创新合作，构建公私合作伙伴关系，探索具有高研究风险和创新潜力的研究领域。接受资助的九个"研究校园"不仅有合作伙伴提供资金，还有德国联邦教育与研究部（BMBF）每年对其资助最高200万欧元的资金，期限长达15年。

2. 倡导建设创新型大学，挖掘大学潜在创新能力

2016 年，德国联邦政府和州政府以加强大学在区域创新体系中的战略作用为核心目标，共同发起"创新大学"计划，鼓励大学作为主体机构或通过参与某领域研究加入引领社会经济发展的行列，以促进产学研合作活动的开展。联邦政府和州政府通过资金支持等方式促进大学与企业以及其他社会创新主体间建立和发展战略合作伙伴关系，进一步形成产业联盟和创新网络等产学研协同载体，积极开展科研合作，实现科技与经济共同进步的目标。同时，德国各州政府以提升当地大学的创新影响力为立足点，为加快促进大学、产业和商业界的资源和经验交流创造一切有利条件，包括申报指导、战略咨询和政策指引等，鼓励技术创新为社会发展作出贡献。就联邦政府和州政府的计划制订而言，"创新大学"计划与"卓越战略"在促进产学研合作方面有着异曲同工之效。根据申报限定条件，大学必须与其他企业、科研机构或社会单位建立长期合作关系才可以参与资金申报。以往，政府通过举办探讨会、交流合作会议等活动，让创新主体主动聚集，增加产学研协同合作的可能性。

该类计划则不同，将"产学研合作关系"作为硬性的申报门槛，通过资金激励的方式让大学主动与企业和科研机构等创新主体开展合作，直接增强了创新主体参与产学研合作的主观能动性。

3. 建章立制、试点落实，推动德国科研设施的开放共享

德国联邦教育和研究部根据欧盟路线图，制定适合德国国情的《研究基础设施路线图》，详细介绍了德国重大科研设施的建设、运行情况，明确了重点设施项目建设方向。共享方面，设立在德国的欧盟联合研究中心基于两种共享模式进行试点工作。一是关联共享模式（Relevance-driven Access），适用于科学研究或经济相关的科研基础设施开放共享，主要有项目征集和同行评议等方式，面向高校、科研机构和中小企业。科研设施单位收取一定费用，但费用支付方式灵活，具有一定的公益性。二是市场共享模式（Market-driven Access），主要针对企业，需要支付运行费用以实现共享。此外，德国科学基金会通过制定科研设施资助计划和发布《欧洲研究设施基本要求》，明确设施建设管理要求和对外开放模式。

（三）经济社会子系统：增强创新资源凝聚力，组建全链条创新网络

1. 发起集群竞赛机制，鼓励多主体参与创新

为促进集群的创新活力，提高集群的创新能力、产出能力和国际化水平，联邦政府出台系列集群竞赛计划，譬如 2007 年发起的"尖端集群"竞赛和 2014 年发起的"走向集群"计划等。2016 年 8 月，德国政府牵头发起"德国—创意之地"集群竞赛，并由德意志银行提供资助。

创意之地集群竞赛不仅注重对企业、大学和科研机构等创新主体的潜能挖掘，同时鼓励公民参与社会创新。有价值的创意点可以得到资金支持和技术指导，以公私合作形式孵化创意，这一举措极大地调动了公众参与科技创新的积极性。此外，各州政府在联邦政府集群竞赛计划的框架下，结合区域创新集群发展基础和需求举办区域内集群竞赛，筛选出创新能力较强的创新集群并以资金作为奖励支持集群发展。2013 年，巴登-符腾堡州政府发起区域创新与可持续发展竞争力大赛（RegioWIN），该竞赛总计投入约 8500 万欧元，资助了巴登-符腾堡州的 110 个集群创新网络和区域集群计划，成功培育出生物技术集群（Biotechnologie Cluster）、电动汽车产业集群（Electric Mobility Cluster）和有机电子集群论坛（Forum Organic Electronics Cluster）等国际顶尖集群组织。

2. 提升科技成果转化效率，推进产学研创新应用

德国是典型的创新型国家，近年来德国政府试图通过标准化来提升技术转让效率，推动创新集群的产权交易和知识成果转化。联邦政府和州政府关于创新集群产权服务的策动主要体现在以下几个方面：一是鼓励大学与企业合作研发，促进知识产权成果与商业接轨，使得创新产品更快地进入市场；二是帮助中小企业获得专利保护，免费提供与知识产权相关的咨询和培训服务；三是通过在线集群网络平台发布行业最新的科研进展，及时公布最新研究成果，供业内公司学习，在不损害公司和社会利益的情况下将最新成果标准化，提供给其他公司学习并作为创新的准则。

此外，德国政府为切实有效地促进科技成果转化，举办了一系列主题鲜明的交流活动。在技术转让方面，2019 年 3 月，联邦经济和能源部以中小企业为主要对象启动"促进技术转让计划"，强调要将科学研究成果落实到新产品和新工艺中，并尽可能满足中小企业的政策保障需求。在协同合作方面，2019 年 6 月，联邦经济和能源部在斯图加特举办关于促进跨行业、跨集群创新机会和潜力的交流研讨会，旨在加强地区间联系，高效利用创新资源。在制度立法方面，2019 年 11 月联邦经济和能源部召开关于"从研究到商业实践"的知识转移问题磋商会，旨在真正从创新主体的需求出发制定相关保障政策。2020 年 1 月，在柏林发起的"技术转让标准化立法交流会"，就过去和未来立法方向与企业、大学和研究机构深入探讨，以保证成果转化的标准和法制建设更加符合市场需要。

3. 关注中小企业全生命周期发展，促进企业间良性互动

德国为中小企业创新发展提供国家层面的制度保障。德国政府将促进中小企业发展提高到国家战略层面，并制定专门的法律和法规，包括《反对限制竞争法》《反垄断法》《中小企业促进法》等，维护中小企业在市场竞争中的平等地位，帮助中小企业在与大公司的竞争中发挥自身优势。[①] 此外，联邦政府设立专门的管理机构，在经济部设立中小企业管理局，各州也设立类似机构，负责研究面向中小企业的政策、

---

① 曹茜芮、冯运卿：《借鉴德国经验推动我国中小企业创新发展》，《机械工业标准化与质量》2019 年第 6 期。

制定扶持和资助中小企业发展的计划、对中小企业管理人员进行职业培训等。

三、日本提升国家创新体系整体效能的经验借鉴

（一）科技子系统：大力推动基础研究、前沿研究和未来产业发展

1. 推进战略基础研究，创造"综合知识"

日本通过官民合作推进战略导向的基础研究。日本将基础领域的AI技术、生物技术、量子技术、材料技术，以及应用领域的健康医疗、空间、海洋、农林水产等行业作为发展的重点领域。未来 5 年，日本将以这些战略领域为基础，与战略创新计划（SIP）、登月型研发计划相结合，以官民合作的形式共同推进战略性研发活动。

日本强调振兴人文社会科学，创造超越领域界限的"综合知识"。一是加强和完善支撑人文社会科学领域学术研究的共同研究体制，谋求多层次、多角度的知识积累；二是建设人文社会科学研究数据的共享数据平台；三是进一步加强由社会科学领域的研究人员和政府官员共同进行的政策研究和分析工作。

2. 以社会需求为导向培育初创企业

日本支持作为创新主力军的初创企业，推动新业务、新产业创造出高附加值的成功模式，通过研发税制、研究成果公共采购、中小企业研发补助等政策，促进民间企业开展中长期、创新性的投资研发。日本将 2022 年定位为"初创企业元年"，并制定五年计划，以社会需求为导向培育一批初创企业，与大学、科研机构密切合作，夯实"价值共同创

造"型新兴产业的基础。

3. 构建新型研发体系，拓展国际合作研究

日本通过构建新型研发体系提高国家竞争力，推进开放创新、数据驱动等高附加值、高影响力的研究活动；普及和完善"日本研究数据基础系统"（NII Research Data Cloud），在 2023 年实现基于公共资金开展研究的科研数据格式统一；建立数据共享和利用的机制以推动各领域数据协作，并通过国际合作建立全球化的数据平台；利用超高速、大容量网络为研究数据基础系统赋能，支持大学、研究机构的教学和科研活动，同时探索面向社会公众开放、进行民间合作的有效方案。

通过开展国际合作研究，日本试图建设以其为核心的国际研究网络。在与美国、欧盟等科技发达国家进行国际联合研究的同时，与印度、肯尼亚等新兴国家及发展中国家开展科技合作。为了增加学者、年轻人才海外研读的机会，日本聘请国外优秀的研究人员，完善相应的人才引进政策和环境，如职位的国际公开招募、具有国际竞争力的工资水平、包括家人在内的生活支援、国际事务体制的完善、国际性研究基地的建设等。日本从 2007 年起启动全球顶级研究基地计划（WPI），其目标是鼓励具备国际影响力的高水平学术带头人组建国际化研究团队，开展基础研究和应用基础研究的跨学科融合研究。在公开招募阶段不设定研究领域，而是对大学提出的构想进行集中性支持，以构建"国际头脑循环枢纽"基地。截至 2016 年 12 月，该项目的成员机构已获得包括 2 项诺贝尔奖在内的 25 项科技类奖项。

（二）教育子系统：以战略规划保障科教融汇、产教融合成效

1. 推动科教融汇，增强基础研究人才队伍的青年力量

日本近两年发布的科学技术与创新发展纲领性规划，围绕人才培养提出了一些新目标和新举措，特别是《第六期科学技术与创新基本计划》将科技人才培养与国民素质提升结合起来，将科研素质和能力培育融入不同教育阶段。在初等、中等教育阶段继续推进科学、技术、工程、艺术、数学（STEAM）教育，从小学、初中阶段培养学生的好奇心和兴趣，强化高中阶段的科学普及和数理教育，支持超级科学高中（SSH）利用高中、大学衔接机制与大学开展共同研究。在高等教育阶段，提供多样化课程和计划，鼓励学生开展超越学部、学科等范畴的学位计划。

为了引领和带动日本知识密集型价值创造体系，实现良性循环，日本针对青年研究人才的培养，创立并推动"新兴研究支持计划"，为青年研究人员不受现有框架约束，开展自由、具有挑战性、融合性的研究，提供长达10年的长期支援，确保其能够与机构合作专心开展研究。此外，为了推进科研项目的顺利开展，日本还重视管理人才的培养，于2011年开始"培养和确保研究管理人员的系统建设项目"，在大学和其他机构部署大学研究管理员（URA），2013年开始的"促进加强研究型大学促进项目"要求选定机构主动培养URA。

2. 加速产教融合，强化问题导向的应用研究能力培养

在产教融合方面，日本侧重两支人才队伍的应用研究能力培养。一

是教育子系统内的博士后队伍。为了引导更多人才开展深层次科技创新，加快推动形成有助于扩大博士人才进入产业界的职业路径，日本从2021年开始推进"下一代研究人员挑战性研究计划"（SPRING）和"科技创新大学奖学金"，为优秀博士后提供生活和研究两个方面的经济支持，并加强研究生阶段产学联合教育，促进长期和带薪的博士生研究实习。二是面向产业界的在职人员，强化终身学习理念，通过培训、休假制度、经济补助等方式鼓励在职人员重新学习，促进学界、业界融合共创，进一步推动产研、校企共同研究、共同教育。

（三）经济社会子系统：以平台载体加速科技成果转化和产业化

1. 注重顶层设计和战略规划，把握科技竞争主动权

日本《科学技术基本计划》自1996年起每5年发布一次，是日本5年科技发展的总体规划。第一、二期计划并未形成系统、有效的实施机制，但从第三期计划开始，建立了相对完善的"重点领域"型实施机制，并逐层分解规划目标对接重点领域的发力方向，自上而下地构建了"理念→大政策目标→中政策目标→个别政策目标→研发目标／成果目标"规划目标链条。[①]第四期和第五期计划的设计思路由"重点领域"型转向"问题解决"型，部署了每个重要问题的重点任务，并从第五期计划起，每年配套制定和实施《科学技术创新综合战略》，在整体战略上保证未来一段时间科技创新发展的稳定性，同时能基于形势变化对

---

① 陈光：《日本科技规划的实施机制分析与经验借鉴——基于对第1期至第6期〈科技基本计划〉历史演进的梳理》，《科学学与科学技术管理》2022年第2期。

每年的配套策略动态调整。第六期计划不再设置多维战略目标和重要问题，而是将"社会 5.0"作为唯一的战略发展愿景，探索科技子系统和经济社会子系统的协同，系统牵引日本整个国家创新体系的"社会技术系统"未来 5 年的发展。

第 6 期《科学技术基本计划》提出"社会 5.0"的三个重点，并阐释了各建设重点的现状、目标模式和重要举措。一是向可持续强韧社会转型，二是创造前沿知识，三是教育提高国民幸福感。第六期计划的变化，体现了日本政府在顶层设计上的理念变化。一是从聚焦科技创新的视角拓展至解决经济社会的问题，直接瞄准新的转型社会建设（社会 5.0），强调全年龄段、全社会的国民面向未来挑战和提升幸福感的素质、技能提升。二是注重创新的开放性、协同性。实现向"社会 5.0"的转型，单纯依靠科技子系统的力量是不可能的，日本政府强调开放式创新，推动社会各界积极开展创新，不同领域、不同部门加强协作，共同构建开放包容的"社会技术系统"。

2. 大力推进产学研协同平台建设，加速科技成果转化

日本科学技术振兴机构（JST）陆续制定了三项支持官产学研合作的计划：2013 年的创新中心（COI）计划，2016 年的产学研共同创新平台（OPERA）计划和 2020 年的 COI-NEXT 计划，OPERA 计划于 2020 年被 COI-NEXT 计划替代。

COI 计划是创新创业计划（COI STREAM）的一部分，旨在通过建立创新平台实现产业或学术界的根本性创新。JST 组建并支持产学研合

作团队，使其能够应对基本、多学科、跨学科、受到社会极大关注的研发挑战。COI 中心采用大学、企业双负责人制，项目负责人来自企业，负责监督 COI 中心及其研发活动的整体情况；而科研负责人来自大学或科研机构，负责 COI 中心总部的日常运营和支持研发战略规划等。[①] 企业、大学和研究机构通过签订合作研发协议，以解决其合作产生的知识产权归属问题。每个 COI 中心每年最多获得 10 亿日元的资金支持（包括管理费用），最长获得 9 年的支持。9 年后，COI 中心应能实现自运营，成为产业创新中心，能够在某一个具体领域进行根本性创新。

COI-NEXT 计划旨在建立官产学研共创系统，针对共同创造领域、战略重点领域（量子技术、环境能源、生物）和区域共同创造领域三个领域进行资助，各领域由不同的研发中心或基地组成。在共同创造领域和区域共同创造领域又分为全面型和培养型两类，培养型是为了促进处于发展期的创造领域成长为全面且成熟的共同创造领域。对全面型最长提供 10 年的资助，对培养型的资助期为 2 年。COI-NEXT 计划中的项目都以大学为中心，由大学牵头进行计划申报并完成工作。

3. 政府主导开展联合攻关计划，加速重点领域创新突破

日本政府针对重点技术领域推动联合攻关计划，一般由政府部门发起、组织和领导，大企业为实施主体，政府研究机构和独立特殊法人共同参与。公司之间开展实质性的共同研究，即在同一场所利用共同设施

[①] 王媛、周诗雯、吴杨：《美日科研资助机构的产学研资助计划及对我国的启示》，《创新科技》2022 年第 6 期。

开展合作研究，有利于不同的思想产生碰撞、不同的能力形成互补，这对于实行终身雇佣制、人员很少流动的日本公司具有重要的意义。政府的技术专家和官员充当共同研究的领导和协调者，解决各参与公司的竞争矛盾。

以日本超大规模集成电路（VLSI）联合攻关为例，该计划由日本通产省和富士通、日立、三菱、日本电气（NEC）和东芝等5家生产计算机的大公司联合实施，政府和企业各分担一部分费用。首先，开展共同研究的关键问题是确定共同研究的标准，该计划的标准由共同研究所所长、著名的半导体专家垂井康夫确定，选择 VLSI 技术开发所需的最上游、基础性、共同性的研究领域，要对各参与方都能起到支撑作用。其次，政府规定参加共同研究才能得到资助，同时提供多元化选择的资助模式。政府不仅为共同研究（基础研究）提供资助，而且扶持各公司内部与商业有关的研究应用，资助额度更大，以保护合作主体各自的商业利益和知识权益。此外，联合攻关并不代表全过程的共同研发，而是将合作研究和独立研究相结合。推进微细制造设备联合攻关时，各参与方出于对各自已有知识成果和利益的保护，反对联合开展研究。因此，通产省设计了灵活的实验室组织形式，为日立、富士通、东芝分别设立单独的联合实验室，禁止另外两家公司进入，而其他在该领域缺少技术积累的公司则可以参与到联合实验室的研究中。在该项目中，政府的有效协调和因地制宜灵活施策是保证联合攻关平稳运行的关键。

第二节　主要科技强国国家创新体系整体效能的评估分析

习近平总书记指出："科技创新活动不断突破地域、组织、技术的界限，演化为创新体系的竞争，创新战略竞争在综合国力竞争中的地位日益重要。"[①] 在风险与机遇并存的时代背景下，世界科技强国纷纷从韧性、张力、活力、弹性和黏度等方面完善国家创新体系，提升自身的风险抵抗能力和机会掌控能力，以期在未来科技竞争中占据主导地位。

一、国家创新体系建设成效的五维评价体系

本节从韧性、张力、活力、弹性、黏度五个维度出发对中国、美国、德国和日本的国家创新体系建设成效进行全方位的比较分析，并构建基于上述五大维度的 5 个一级指标和 18 个二级指标构成的国家创新体系建设成效评价体系。其中，韧性代表国家创新体系的整体承压能力和抗风险能力，用一国拥有的世界一流产学研主体和创新集群数量来衡量；张力代表一国的科技创新引领能力和世界级影响力，用科技成果国际合作率、对外投资、高技术产品出口比例等指标来衡量；活力代表一国的创新活跃度，用科技创新热度和世界一流科技型企业数量等指标来衡量；弹性代表国家创新体系的应变能力和制度供给能力，用政务数字化水平、科研立法等代表性指标衡量；黏度代表对各类创新要素和资源的吸引力，用各类高质量创新要素的数量或份额来衡量。具体的评价指

[①] 习近平:《在中科院第十七次院士大会、工程院第十二次院士大会上的讲话》，中国政府网，https://www.gov.cn/ xinwen/2014-06/09/content_2697437.htm，2014 年 6 月 9 日。

标体系如表 4-3 所示。

表 4-3　国家创新体系建设成效评价体系

一级指标	二级指标	数据来源	时间（年）
韧性	全球研发投入 2500 强企业，财富 500 强企业	《欧盟工业研发投资记分牌》	2021
	世界一流高校数量	2022 年软科世界大学学术排名、《华东师大发布全球科技创新中心发展指数》	2022
	世界一流研究机构数量	Nature index 发布的世界研究机构百强、《华东师大发布全球科技创新中心发展指数》	2022
	世界百强创新集群数量	世界知识产权组织《全球创新指数（GII）》	2022
张力	PCT 专利国际合作率	OECD 数据库，data.oecd.org	2020
	知识产权收入	世界银行数据库	2021
	对外直接投资额 OFDI	清华大学《国际科技创新中心指数》，《2022 年世界投资报告》	2021
	高技术产品出口比例	世界银行数据库	2021
活力	研究前沿热度	《2022 研究前沿热度指数》	2022
	优质独角兽企业数量	胡润《2022 独角兽排行榜》	2022
	最具创新性企业数量	波士顿咨询集团《2022 全球最具创新力企业报告》	2022
	PCT 专利数量	OECD 数据库，data.oecd.org	2020
弹性	电子政务水平	2022 联合国电子政务发展指数	2022
	科研立法支撑	IMD 世界竞争力排名	2022
	大数据运用能力	IMD 世界竞争力排名	2022
黏度	外商直接投资 / GDP	《华东师大发布全球科技创新中心发展指数》、世界银行数据库	2021
	高被引科学家份额	科睿唯安《2022 高被引科学家》，《华东师大发布全球科技创新中心发展指数》	2022
	每百万人研发人员数量	世界银行数据库	2020

二、中国、美国、德国与日本的国家创新体系建设成效比较分析

第一，从世界一流产学研主体和集群的数量来看，中国国家创新体系的韧性强于德国和日本，但相比美国还有较大差距。具体来看（图4-2），中国在世界一流高校、研究机构、企业及区域创新集群数量方面均已超越德国和日本，初步显示出担当起推进高水平科技自立自强重任的能力，这意味着中国的国家创新体系已具备较强的韧性。但必须认识到，中国与美国之间仍有较大差距，尤其是在一流高校和研究机构方面存在明显落差，在一定程度上制约了探索前沿科学领域和破解"卡脖子"关键核心技术的能力。

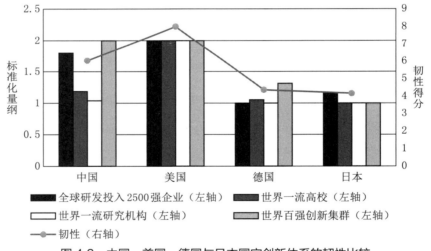

图 4-2　中国、美国、德国与日本国家创新体系的韧性比较

第二，从科创引领能力来看，中国在少数领域已形成世界级影响力，但在科技成果质量等方面依然存在明显的短板，国家创新体系的张力相较于美国、德国仍然偏弱。具体来看（图4-3），中国的科技产出总量虽然在多个方面超过德国，但从专利国际合作、对外直接投资等方面

看，中国明显落后于德国和美国，且知识产权收入是四国中最低的，表明中国的知识产权质量整体仍然不理想。中国的国家创新体系建设已进入提质增效的关键阶段，亟须提升国际化水平和创新成果质量。

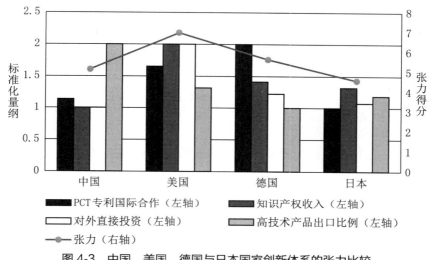

图 4-3　中国、美国、德国与日本国家创新体系的张力比较

第三，从创新活跃度来看，中国创新体系的活力明显高于德国和日本，但仍然全面落后于美国。从科学研究前沿热度、优质独角兽数量、顶尖创新企业数量、《专利合利条约》(PCT)专利等指标看（图4-4），中国已超越德国和日本，但被美国甩在身后。可见中国要追赶上美国仍然道阻且长，亟待全面增强基础研究能力、企业自主创新能力以及技术突破能力。

第四，从制度供给水平来看，中国已接近美国水平，但政府数字化转型能力相比美国、德国、日本仍然有明显差距，国家创新体系的弹性有待进一步增强。根据2022年联合国发布的电子政务发展指数（EDGI），中国电子政务水平处于全球上游，但相比美国、德国、日本依

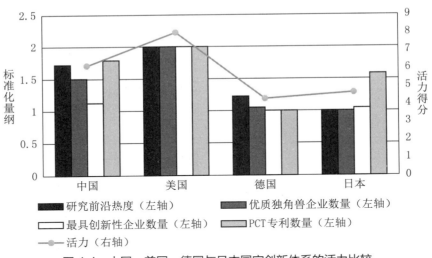

图 4-4　中国、美国、德国与日本国家创新体系的活力比较

然有明显差距。从科研立法水平来看，中国的科技创新制度供给已达到较高水平，说明中国对科技创新的重视程度与日俱增。此外，中国企业的大数据运用能力已超越德国和日本，进入世界前列，意味着中国已抓住数字经济时代的先机，但仍然落后美国一步，需要奋力追赶（图 4-5）。

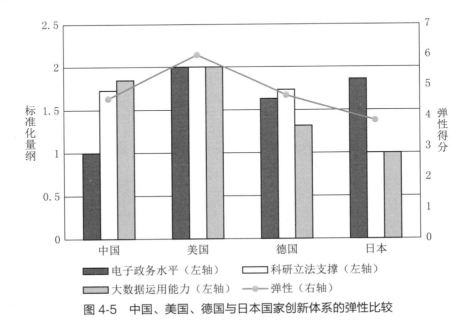

图 4-5　中国、美国、德国与日本国家创新体系的弹性比较

　　第五，从对高能级科创要素的吸引力来看，中国仅略高于日本，相比美国、德国仍然黏度不足。从吸引外资水平看，中国已超越德国和日本，并基本与美国持平，意味着中国市场对世界仍具有强大的吸引力。但从高被引科学家的全球份额来看，中国远远落后于美国，对顶尖人才的吸引力明显不足。从每百万人研究人员数量看，中国处于低位，意味着科技创新力量在整个国家经济社会发展体系中的占比相较于发达国家仍然偏低，提升空间巨大（图4-6）。

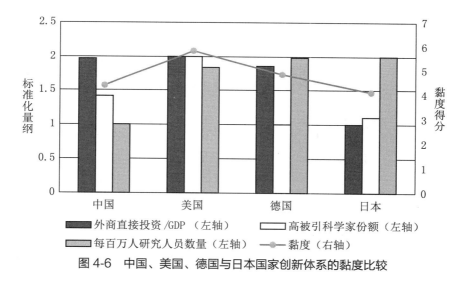

图4-6　中国、美国、德国与日本国家创新体系的黏度比较

　　我国创新体系建设取得显著成效，在部分领域已超越德国、日本等发达国家，达到仅次于美国的世界前沿水平，但在多个领域存在明显短板，相比德国等老牌科技强国仍有差距（图4-7）。综合来看，我国创新体系的优势主要体现在韧性和活力两个方面。受益于庞大的人才、市场、产业资源和社会主义制度优势，我国创新体系建设在韧性和活力方面已取得显著成效，在一流产学研主体、世界级创新集群等中坚科技创

新力量和创新活跃度方面已超越德国、日本等国,进入世界领先行列。但相较于美国还有较大差距。

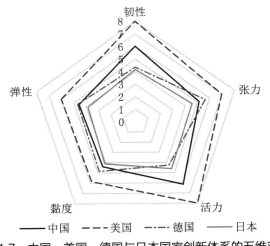

图 4-7 中国、美国、德国与日本国家创新体系的五维对比

我国国家创新体系建设的短板主要体现在张力、黏度和弹性三个方面。相比德国、日本,我国虽然在国家创新体系韧性和活力两个维度都已赶超,但主要是得益于我国科技创新活动庞大的体量和规模。从质量和效益来看,我国的国家创新体系建设相比发达国家仍有较多短板和缺陷。第一,我国科技创新国际化水平和引领能力不足,无论是专利国际合作、知识产权质量还是对外投资布局等均弱于美国、德国和日本,国家创新体系张力亟待增强;第二,我国对顶尖人才等高能级创新要素的吸引力和集聚力还有所欠缺,主要体现在高被引科学家、世界级奖项获得者等顶尖人才方面相比美国有很大差距;第三,我国政府在应对技术变革和科创制度供给方面的体系化能力仍然有待强化,尽管中国在互联网产业领域已走在世界前沿,但从政府数字化转型水平看还落后于美、

日、德等发达国家，未能充分把握数字产业发展带来的机遇。不过从整体来看，中国在数字化时代与发达国家仍然处于同一起跑线上，把握战略机遇实现赶超的机会依然存在。

基于此，应该从以下几方面着手进一步完善国家创新体系。

一是实施更加主动和多元化的国际科技合作策略。在日益严峻的国际科技合作形势下，应进一步强化多层次和多渠道的对话机制，建立互信共赢的稳定合作关系，深度融入全球创新网络和科研体系。一方面，可以依托大科学设施，设立全球科研基金，策划并发起国际大科学计划，吸引海内外英才，共同探索涉及人类共同命运的重大议题。另一方面，进一步发挥顶尖科学家论坛、浦江创新论坛、世界人工智能大会等学术交流平台的作用，强化其在人才发现、前沿探索、信息交流、科研合作、国际学术组织构建等方面的功能，提升中国在全球科技治理中的话语权和影响力。

二是增进对全球科技创新要素流动新规律的认识，一手抓条件和能力建设，一手抓体制机制突破，着力营造具有全球竞争力的开放创新生态。科技创新要素的内涵日益丰富，流动规律不断迭代演进，开发利用方式日新月异。目前，中国对顶尖人才、创新型企业、高水平研究机构、风险资本等高能级创新要素的吸引力和集聚力不足。接下来，应着力加快北京、上海、粤港澳三地的国际科创中心建设，增强其统筹全球创新资源、全过程赋能创新活动的能力，打造世界重要人才中心和创新高地。

三是持续推进政府数字化转型。在制度供给方面，应着力形成应对科技革命和产业变革的体系化能力。目前，中国政府数字化转型水平仍落后于美、日、德等国，还没有很好把握数字产业发展带来的机遇。要加强各地公共数据及准公共数据的管理和协同，推动数据的共享互通。通过数字化底座建设和数字化技术运用，为追踪科学前沿和重大科技决策提供支撑，保证制度供给的科学性和预见性，提升科技创新治理的整体效能。

第五章

提升国家创新体系整体效能的总体思路和方案设计

　　国家创新体系整体效能的发挥依赖于体系内多元创新主体的互动、各类创新要素的整合、多种创新能力的集成和多重创新机制的耦合。基于前文的理论分析和经验借鉴，以科技、人才、创新"三个第一"提升国家创新体系的整体效能，关键在于促进国家创新体系三个子系统间的互动耦合关系，即科技子系统、教育子系统和经济社会子系统中的主体互动、要素整合、能力集成及机制耦合过程。本节将从主体、要素、能力、机制四个方面深入探索以"三个第一"提升国家创新体系整体效能的路径，在此基础上，结合第四章中关于国家创新体系整体效能的评估分析，从韧性、张力、活力、弹性、黏度五个方面，提出以"三个第一"提升国家创新体系整体效能的总体思路。

第一节　以"三个第一"提升国家创新体系整体效能的路径探索

　　路径探索分为主体互动、要素整合、能力集成、机制耦合四个方面。

一、主体互动

（一）以培育"第一资源"为核心的互动

　　人才是国家创新体系中最活跃的要素，是整体效能提升的决定性力量。人才来源于教育子系统内的高水平教育，并在科技、经济社会子系统丰富多彩的创新实践中历练成长。

1. 教育子系统内的协同育人

培育"第一资源"是教育子系统的首要职能，为科技创新和经济社会发展持续稳定地输送各类人才。高校是教育子系统的核心主体，包括培养学术研究人才的研究型大学和培养高级专业人才的专业学院，是为全社会、全行业培育多领域、多层次人才的主力军。同时，科研院所也是我国高等教育的重要组成部分，面向科技创新各领域，以科研为导向培养高层次人才。

基于两者在学科建设、科研平台等方面的不同资源优势和对科技创新人才培养的共同需求，高校与科研院所之间形成了相互支持、联动互补的互动关系，通过多元渠道、多种形式协同育人。从培养方式看，既有培养体系方面的深度融合，既包括联合培养本科生和研究生、开设科技英才班等，也包括面向高校学生的知识共享和教学活动，如知识讲堂及名家讲座、实验室及科研平台开放计划、科研院所创新项目和实习计划等。美、德、日等国家的国立科研机构主要以项目资助、合作研究等联合培养的方式开展研究生教育。譬如，美国国立卫生研究院主要是通过各层次的研究生资助计划参与研究生培养，德国马普学会则通过在大学设立研究单元，并且由科研人员承担部分教学任务并指导研究生的形式参与联合培养，日本理化学研究所通过与日本多所大学合作建立研究生院制度来实现联合培养研究生。[①] 中国科学院大学在办学模式上率

---

① 温珂、蔡长塔、潘韬、吕佳龄：《国立科研机构的建制化演进及发展趋势》，《中国科学院院刊》2019 年第 1 期。

先进行改革探索，创办了未来技术学院、网络空间安全学院、人工智能学院等一批多学科交叉的科教融合学院。这些学院由中科院高水平研究所承办，教研室建在科研实力最强的实验室，学院院长由承办研究所法人代表兼任，[①] 发挥紧密结合科研实践培养人才的特色和优势。从师资队伍上看，双向双聘、兼职教授是教学资源高效转化的重要方式。一方面，采取"双向双聘"方式可以汇聚一流师资队伍，选出研究院所内学术水平高且有教学工作意愿的科研人员作为"岗位教师"，通过"双聘"将杰出科研人员纳入学校师资队伍；另一方面，高校教师与研究所导师紧密开展合作，依托高端平台提高自身科技创新水平。从平台共享上看，科教协同创新需要平台的承载和支撑，以实现资源的连接和汇聚、功能的沉淀和复用，特别是实现有组织的、建制化的、规模化的科教协同。[②] 科研平台的开放，让学生从传统课堂走近学术前沿，培养科学素养和思维方式，提升科学研究能力。譬如，浙江大学拥有近 200 个国家级和省部级科研基地，承担教学、研究训练指导、科技竞赛组织等任务，并对接高校的校外实践需求，为本科生提供深度参与科研创新的渠道，以增强学生的创新意识、科学素养、团队精神。

2. 教育、科技子系统的融合

国家在科技进步和产业转型升级两个方面的重大战略需求推动对人

[①] 董军社：《科教融合：中国科学院大学的特色办学路》，《中国新闻发布》（实务版）2022 年第 1 期。

[②] 余江、陈凤、方元欣：《面向世界科技强国建设的科教融合新体系初探》，《科教发展研究》2022 年第 3 期。

才培养新模式的探索，"第一资源"的培育和成长必须深度嵌入"第一生产力"形成和"第一动力"转化的过程。

关键核心技术、未来产业领域的专业人才需要掌握全栈式专业知识与全链式工程技术，[①] 而当前教育系统内课程体系贯通性不佳，教学内容跟不上产业发展需求，无法应对关键技术人才短缺的挑战，因此必须将人才培养嵌入科技系统中，从根本上降低人才培养门槛，着力提升人才培养的质量。以芯片人才培养为例，中国科学院大学"一生一芯"教学改革项目团队构建出全栈式、全链条、大规模、低成本的人才培养模式，让学生运用所学理论知识和技术解决芯片开发中遇到的实际问题，有效链接教学和科研实践，缩短了芯片人才从培养到成熟的周期。

除了各领域的战略科学家、科技领军人才以及青年科技人才，国家创新体系还需要一大批优秀的教育工作者、工程技术人才、管理型人才和服务型人才。这些人才仅仅通过教育系统是很难培养出来的，还必须借助科技和产业系统的带教力量，依托科研项目和产业化项目，采用"干中学，学中干"的培养模式，助推人才成长。

（二）以形成"第一生产力"为核心的互动

科技是第一生产力，科技子系统的功能就是确保"第一生产力"的有效供给，不断推动高质量的科学研究和技术发明。科技子系统包括

---

① 徐艳茹、刘继安、解壁伟、余子濠、包云岗：《科教融合培养关键核心技术人才的理路与机制——OOICCI 芯片人才培养方案解析》，《高等工程教育研究》2023年第 1 期。

高校、科研机构、企业三类创新主体，基于不同的制度逻辑进行紧密互动，形成不同的互动性质和关系。

1. 基于市场逻辑的自主耦合

市场逻辑下，主体间的互动主要受各自利益和共同预期驱使，实现创新链、产业链、资金链、人才链之间，以及链上各环节之间的动态适配和自主耦合，进而演化成为具有重要产业领域核心竞争力的世界级创新产业集群，深度融入全球经济版图。

企业的技术创新行为是不断满足市场需求以获得竞争优势和商业利益的过程，[1] 其对技术的获取和探索以产业应用为导向，通过投资开发现有技术、技术二次研发合作拓展企业的创新边界，高校、科研院所等技术成果拥有方在此过程中通过技术许可或技术转让获得收益。现有技术的直接投资主要依托科技成果转化中介机构，企业和高校、科研院所形成交易关系，而技术二次研发合作则实现了主体间互补优势资源的流动。企业提供资金、场地和设备，并从产业的角度提供专业知识，结合科研团队对技术成果的专有知识，双方共同负责技术的进一步开发。此外，企业从自身技术需求和战略布局出发投资推进应用基础研究，通过与高校、科研院所联合开展基础研究和技术合作，集聚外部优势资源推进核心领域实验和理论研究，实现以基本科学原理突破带动关联技术

---

① 郭菊娥、王梦迪、冷奥琳:《企业布局搭建创新联合体重塑创新生态的机理与路径研究》,《西安交通大学学报》(社会科学版) 2022 年第 1 期。

突破。①

2. 基于政策逻辑的有组织协同

基础研究、前沿领域、未来产业领域研究都具有难度大、投入高、周期长、风险高、短期回报较为有限等特点，市场自身特性决定了在这些科技创新重要支撑领域可能出现市场机制调节失效的情况。② 国家意志的引导和激励是解决重大领域市场失灵问题的重要力量。根据国家重大战略意图，在关乎国家安全和国计民生的关键领域，政府应通过一系列的政策设计和制度安排，组建面向特定领域的战略科技力量，实现核心技术攻关、基础材料研发、关键装备和仪器研制、软件开发、工艺改进、管理提升等方面的接续联动，形成一体化的集群式突破能力。

在国家重大使命和战略任务的牵引下，国家战略科技力量以国家实验室、国家科研机构、高水平研究型大学以及科技领军企业为核心，以重大科技专项、大科学设施、产业化项目为抓手，体系化、协同式、有组织地推进科研活动，开展前沿技术、关键核心技术攻关。③ 美国国家实验室是全球国家战略科技力量公认的典型范本，其每一阶段的发展和调整都是以满足国家重大战略需求为导向。④ 一方面，美国国家实验室

① 赵胜超、曾德明、罗侦：《产学研科学与技术合作对企业创新的影响研究——基于数量与质量视角》，《科学学与科学技术管理》2020年第1期。
② 朱春奎：《科技创新新型举国体制的多重制度逻辑与发展路径》，《求索》2023年第1期。
③ 吕薇：《把科技自立自强作为国家发展战略支撑》，《经济日报》2020年12月1日。
④ 冯粲、童杨、闫金定：《美国国家实验室发展经验对中国强化国家战略科技力量的启示》，《科技导报》2022年第16期。

着眼于重大科技领域，填补大学和企业在科技创新中的薄弱环节，同时运营重大关键科技创新基础设施和平台，发展大科学研究；另一方面，实验室之间、实验室与学术界、工业界和其他联邦机构广泛合作，形成研发生态网络，推进跨学科、跨部门研究，共同实现国家利益。

（三）以"第一动力"转化为核心的互动

有了"第一生产力"的有效供给和"第一资源"的可靠保障，还要在科技子系统与经济社会子系统的互动中，将其高效转化为引领经济社会发展的"第一动力"，使得国家创新体系中的创新链、产业链、资本链和服务链密集交织起来，让跨产业、跨区域、跨领域的创新活动更加活跃并富有成效，不断激发科技进步与市场需求相互碰撞的场效应。

经济社会系统中的政、产、金、介分别嵌入科技成果转化的不同阶段中，政府在政策与法律法规方面进行全周期的宏观调控和制度保障，金融机构为科技创新活动的开展提供资本支持，而科技中介机构则深度参与到科技子系统中，贯穿整个科技成果转化过程。在技术研发阶段、试验应用阶段、产业化阶段，不同主体承担不同的角色并发挥相应的功能，使整体效率达到最大。[①] 经济社会系统中的企业既是从 1 到 10 再到 100 的需求方，对上游的高校、科研机构或是具有自主研发能力的企业提出产品和技术需求，企业家与科学家协同合作；又是从 0 到 1 再到 10 的支持者和承担者，为科学家把科技创意变成创新技术再转化为科

[①] 秦洁、王亚：《科技中介机构在科技成果转化中的定位》，《中国高校科技》2015年第 4 期。

技产品和商品提供资金、平台等支持。①

高校和科研机构还通过协同研究、技术咨询、科技服务等方式服务于企业主体，政府设计各种体制、政策，保障高校和企业的顺利交易与合作。此外，大学办企业和大学科技园等形式也是产研合作的重要模式。②

在"第一生产力"向"第一动力"转化的过程中，科技和经济社会两个子系统的互动模式多元，各类主体在其中的地位和功能不尽相同。霍国庆综合现有研究成果，将科技成果转化模式分成三种类型：一是由一个或多个主体主导的模式，包括自主转化模式、技术入股合作转化模式、产学研合作转化模式、美国大学的概念验证中心模式、日本大学的技术转移组织模式等；二是依托科技成果转化必需条件或要素的模式，包括中试基地转化模式、科技孵化器转化模式、战略产业牵引互动模式、大科学装置依托模式等；三是以区域或组织冠名的个性化模式，包括德国史太白模式和弗朗霍夫模式、美国斯坦福大学和麻省理工学院TLO模式、清华大学的技术转移模式等。③

二、要素整合

要素是指国家创新体系内投入创新活动的各种资源，包括科研人

① 霍国庆：《科技成果转化的两种基本模式》，《智库理论与实践》2022年第5期。
② 刘贤伟、马永红：《高校与科研院所联合培养研究生的合作方式研究——基于战略联盟的视角》，《研究生教育研究》2015年第2期。
③ 霍国庆：《科技成果转化的两种基本模式》，《智库理论与实践》2022年第5期。

才、外资机构、创新资本、数据信息、技术、平台和设施、制度供给等多种形态的资源，创新活动的产出也可能作为新的要素投入使用。在国家、区域、产业等目标需求牵引和政策措施驱动下，创新要素快速组织、灵活适配，[①] 促进不同主体、不同系统之间的高效互动，从而实现体系效能的整体提升。

（一）人才

1. 顶尖人才集聚

顶尖人才集聚水平是衡量国际竞争力的重大标志，科技人才往往倾向高收入或经济科技最发达的国家。[②] 顶尖人才是指其成就进入全球同行业、同学科前 1‰ 的人才。根据人才分类标准，可以将顶尖人才划分为科学人才、技术人才、企业创新人才和管理人才。[③] 顶尖科学人才是指科学成就进入全球同行前 1% 的科学家，根据科睿唯安公布的 2022 年度全球高被引科学家名单，中国内地排名第二，共有 1169 人次入选。五年来，中国内地科学家在高被引科学家名单中所占比例翻了一番多，从 2018 年的 7.9% 增加到 2022 年的 16.2%，与美国的差距进一步缩小。此外，世界科学重要奖项获得者数量是对一个国家科学策源卓越度和影响

① 贺德方、汤富强、陈涛、罗仙凤、杨芳娟：《国家创新体系的发展演进分析与若干思考》，《中国科学院院刊》2023 年第 2 期。
② 郑巧英、王辉耀、李正风：《全球科技人才流动形式、发展动态及对我国的启示》，《科技进步与对策》2014 年第 13 期。
③ 尹志欣、朱姝、由雷：《我国顶尖人才的国际比较与需求研究》，《全球科技经济瞭望》2018 年第 8 期。

力最有说服力的指标，包括诺贝尔奖、图灵奖、菲尔兹奖、科普利奖章、爱因斯坦世界科学奖、沃尔夫基金会奖、京都奖、丹大卫奖、卡夫利奖、富兰克林研究所奖、拉斯克奖、阿贝尔奖、科学突破奖等奖项的获得数量。截至 2023 年 4 月，获得世界科学重要奖项的华人科学家共有48 位。但大多数顶尖华人科学家选择留在海外从事科研工作。①

表 5-1　科睿唯安 2022 年度高被引科学家上榜人次前十的国家或地区

排名	国家或地区	高被引科学家人次	占比 %	2018 年至 2022 年占比变化 %
1	美国	2764	38.3	−5.0
2	中国 *	1169	16.2	8.3
3	英国	579	8	−1.0
4	德国	369	5.1	−0.8
5	澳大利亚	337	4.7	0.7
6	加拿大	226	3.1	0.4
7	荷兰	210	2.9	−0.2
8	法国	134	1.9	−0.7
9	瑞士	112	1.6	−0.6
10	新加坡	106	1.5	0.2

* 不包含港澳台地区。

表 5-2　世界科学重要奖项华人获奖情况

世界科学重要奖项	数量	名　　单
诺贝尔奖	11	杨振宁、李政道、丁肇中、李远哲、朱棣文、崔琦、高行健、钱永健、高琨、莫言、屠呦呦
图灵奖	1	姚期智
菲尔兹奖	2	丘成桐、陶哲轩

---

① 郭哲、王晓阳：《美国的人才吸引战略及其启示》,《科技管理研究》2019 年第 23 期。

续表

世界科学重要奖项	数量	名　单
科普利奖章	0	
爱因斯坦世界科学奖	1	王中林
沃尔夫基金会奖	9	吴健雄、陈省身、杨相发、袁隆平、钱永健、丘成桐、邓青云、翁启辉、何川
京都奖	1	姚期智
丹大卫奖	0	
卡夫利奖	0	
富兰克林研究所奖	1	富兰克林奖章：张首晟
拉斯克奖	2	屠呦呦、卢煜明
阿贝尔奖	0	
科学突破奖	25	陶哲轩、王贻芳、傅亮、祁晓亮、尹希、恽之玮、张伟、庄小威、陈志坚、孙崧、许晨阳、李文渝、陈谐、朱歆文、何子山、邵立晶、李志远、吴庆文、袁业飞、赵杉杉、卢煜明、于天田、叶军、王宏、王一林

　　除了移民政策和留学生政策之外，平台政策已成为创新型国家吸引人才的政策新抓手，突破地域、国籍的限制，汇聚和运筹全球高端人才，激发"以才聚才"的强磁场效应。一是通过国际大科学计划、科研项目汇集世界各国科学家，共同攻克人类科研难关，多样化方式引智，不为所有，但求人才共享；[①]二是培育聚才载体，包括跨国公司、顶级研究机构和知名高校等，就地引才；三是开展国际交流与合作，通过科研项目合作、短期访学、学术交流等方式邀请国外专家学者和研究人员，既为人才提供世界级交流平台，也为本国科技创新注入新的活力。

---

① 易丽丽：《发达国家人才吸引政策新趋势及启示》，《国家行政学院学报》2016 年第 3 期。

2. 科技人才信息整合

科技人才数据库平台的建设将为科技政策制定者、科研管理人员、科研人员、企业家和社会大众等不同用户提供有价值的科技人才信息服务，促进科技人才信息资源的有效开发、利用和共享，为国家科技人才的宏观管理提供有力支撑。[1]

我国逐步形成了政府、高校、院所、科技企业和中介机构等多方参与的科技人才信息资源建设格局。[2] 各级政府部门和科研管理部门根据业务需要各自建立科技人才信息数据库：科技部及各地方科技厅（局）在实施科技计划管理、科技奖励评选、科技成果管理等过程中建立各类专家信息库；国家和各地方自然科学基金委建立基金项目评审专家库；地方科技管理部门以及基金资助机构也都建有各自的专家库。另外，相关人才计划如"国家杰出青年科学基金"人才计划、千人计划等也分别建立了各自的科技人才信息库；以人才交流市场为核心的科技人才中介机构在开展人才招聘、人事代理、人才开发培训、人才测评等服务中积累了信息资源；高校和科研院所通过内部网络平台或者信息库为本单位的教学和科研服务。但高层次科技人才信息分布式地存在于各种异构数据库中，同时科技人才数据的标准和规范缺失，造成数据共享的技术障碍。在数据内容方面，科技人才信息库涵盖的人才种类单一，侧重本土

---

[1] 郑楚华、赵筱媛、张贵兰、郑雯雯、王运红：《科技人才数据库系统建设现状及对策建议》，《科技管理研究》2022 年第 4 期。

[2] 屈宝强、彭洁、赵伟：《我国科技人才信息管理的现状及发展》，《科技管理研究》2016 年第 10 期。

高层次科技人才和学科型人才，相对忽视工程类、管理类人才，青年科技人才，以及海外和回国人才等重要人力资源。

世界主要国家一直都很重视科技人才工作的信息化建设，政府部门和研究机构建立了众多科技人才和专家数据库，一类是建立全国性的科技人才统计渠道，通过政府力量基于各种人才调查数据形成的数据库；一类是科技管理部门或信息机构在细分领域、学科、行业建立的较为详尽的数据库。这些数据库不仅关注本国的科技人才，还关注国外的科技人才，特别是高层次科技人才，为人才引进提供信息支撑。[1]

表 5-3　国外的科技人才数据库及信息平台

国家	部门	数据库	统计内容	功　　能
OECD		教育一览统计、就业和劳动力市场统计、工业和服务业指数、全球移民统计、OECD 科学技术及开发数据库等	数据来源于 OECD 成员国家和非成员国家（地区）	OECD 国家统计局的移民数据库囊括了全部 OECD 成员国关于国外出生的移民的详细数据，从整体上对 OECD 国家高素质人才的流出和流进情况进行描述
美国	NSF 国家科学与工程统计中心	科学家和工程师统计数据系统（SESTAT）	每两年开展全国大学毕业生调查、全国大学应届毕业生调查、博士学位授予调查、科学和工程领域人才培养和从业状况	反映美国科学与工程领域劳动力态的信息平台，如包括国家科学与工程技能人才需求、人才储备、供给和国际竞争情况等统计数据信息，为美国科技政策制定与人才管理提供有效支撑
德国	劳工局	高级人才就业信息服务系统		为人才的聘用和引进提供信息服务

[1]　郑楚华、赵筱媛、张贵兰、郑雯雯、王运红：《科技人才数据库系统建设现状及对策建议》，《科技管理研究》2022 年第 4 期。

国家	部门	数据库	统计内容	功　能
日本	科学技术振兴机构	研究人才数据库		按照工作地区、研究领域、工作类型、关键词等标准对研究人员进行分类
		综合目录数据库	收录了约20万名研究人员的信息，包括研究人员基本信息、研究领域、合作研究者、研究主题、研究成果、毕业学校、学术奖励以及其他学术活动等	为政府制定学术与科学政策提供支持，同时为研究者和研究机构提供统计服务
巴西	科学技术发展委员会	拉特斯（Lattes）平台	由履历表、机构名录、研究团队名录和展示分析板块四部分构成	作为一个跨地区、跨部门、跨平台的国家级科技信息系统，在全国范围内为科技人员、教育人员、学生、研究团队和学术机构提供服务的科技人才履历表数据库。是一个实时更新的、与科研人员实际活动高度同步的、基于网络界面的大型数据库

（二）外资机构

外资具有连通国内国际的独特优势，跨国企业研发对东道国企业技术创新的溢出效应在示范模仿、人力资本流动、竞争效应和关联效应四个方面发挥作用。跨国公司在东道国的研发可以直接促进东道国企业的技术创新，并通过技术创新进一步影响本土企业的产品创新。[1] 我国超大规模市场的需求优势、产业体系完备的供给优势以及逐步优化的营

---

① 张瑜、张诚：《跨国企业在华研发活动对我国企业创新的影响——基于我国制造业行业的实证研究》，《金融研究》2011年第11期。

商环境正持续释放出强大的外资吸引力，商务部数据显示，2012—2022年间，中国实际使用外资金额从 1117.16 亿美元增加到 1891.31 亿美元，增速达 69.3%，全国累计新设外资企业达 38 万家。要充分发挥外资企业在产业链中的支持作用，促进产业链和创业链、创新链的深度融合，激发外资企业在知识创新领域的溢出效应，与内资企业形成有效联动，从而将外企的效率优势转化为本土的创新动力。

科技研发投入既要保证外资机构享受研发资助的机会，也要防止公共福利外流，美国政府通过健全相关制度机制，逐步建立了一套相对完整的外资机构资格认定与审查制度，在两者之间实现相对平衡。[1] 美国针对不同国别、领域、行业的具体情况，分别采取不同的政策与做法。就研究领域而言，美国联邦政府对企业基础研究和应用研究的资助较少，大部分资助侧重于通过研发合同方式进行的技术开发。一些政府部门对于外国机构参与"非涉密"项目持开放态度，并希望通过此举吸收、引进全球尖端科技和前沿思想，因此相较于应用研究，更支持基础研究，但以人才培养为导向的研究项目一般不太支持外资机构参与。

（三）技术

技术引进能以相对少的时间和成本投入，缩小与科技领先国家科技和经济发展的差距，还可以形成后发优势和比较优势。通过大规模的技术引进，我国整体技术水平实现了质的飞跃，并通过技术追赶培养了大

---

① 肖尤丹：《外资机构参与美国联邦公共科技项目机制研究》，《研究与发展管理》2013 年第 6 期。

量科技人才。^① 在科技自立自强背景下，技术引进后必须加强消化与吸收，着力提升企业自主创新能力和产业协同创新能力。

日本在引进技术的消化吸收和再创新方面取得显著成效。日本曾从国外引进钢铁、机械、半导体、电视机、微电子等领域的技术，但日本并未止步于引进，而是通过改良创新赶超技术输出国，将其发展成为日本的支柱产业。^② 首先，日本的技术引进遵循严格的标准和原则，并且与产业政策保持一致。引进的技术必须符合 4 个标准：不能阻碍自主技术发展、不能扰乱现有产业秩序、不能使中小企业陷入困境、引进企业具备消化吸收能力。其次，加强对消化吸收再创新成果的保护，当国内企业未能形成具有竞争力、抗衡能力的产品时，对外政府运用外汇管制和控制关税率等手段延缓国外有关商品流入，对内运用优惠、补贴促进自主创新产品的市场化。此外，大力投入经费支持消化吸收，20 世纪 50 年代到 70 年代，日本的技术引进费用增加 14 倍，而用于技术消化吸收和再创新的费用却增加了 73 倍，是引进费用的 2—3 倍。

（四）资本

经济为科技创新提供物质技术基础，长期持续的高水平创新投入是推动创新活动高质量进行的基本保障。对科技创新的经济支持主要体现在两方面：一方面是在基于政策逻辑的前沿重大领域，以国家自然科

---

① 陈晓东：《技术引进需把握三个重要问题》，《经济日报》2019 年 3 月 21 日。
② 胡志坚、冯楚健：《国外促进科技进步与创新的有关政策》，《科技进步与对策》2006 年第 1 期。

学基金为代表的政府财政支持作为我国支持基础研究的主渠道。① 根据 OECD 统计数据（如图 5-1），美国、日本、德国的科研经费投入长期稳定在较高水平，2019 年 R&D 占 GDP 的比重已增长到 3% 以上；韩国作为典型的政府主导创新发展的国家，在经济高速增长期对研究开发不断发力，创造了 2021 年 4.93% 的高比例，达到美、日的近 1.5 倍，是中国的 2.02 倍。

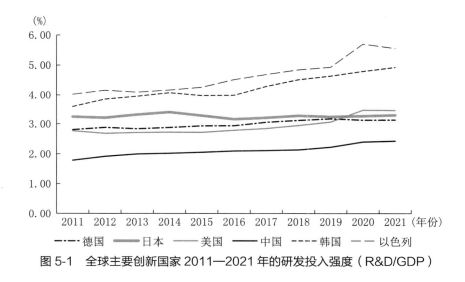

图 5-1　全球主要创新国家 2011—2021 年的研发投入强度（R&D/GDP）

另一方面是发挥市场配置创新资源的决定性作用，利用科技金融解决科技型企业不同发展阶段的融资问题。成熟完善的金融体系可以向科技创新活动注入大量的资金，形成以科技产业、风险投资和资本市场相互联动的金融科技要素市场。英国多层次的资本市场为企业创新提供诸多发展机会，包括政府设立创业投资基金，推出中小企业融资担保计

---

① 程建平、陈丽、郑永和、张剑：《新时代国家自然科学基金在国家创新体系中的战略定位》，《中国科学院院刊》2021 年第 12 期。

划，拓宽商业天使联合投资基金、企业资本基金等，在一定程度上缓解了企业不同发展阶段的资金需求。

目前，我国金融服务创新的政策机制逐步完善，由科技部、一行两会以及重要金融机构协同推进，同时跨部门、跨层级的协作体系在财政部、知识产权局的配合下日趋完善，财税、金融及法律政策共同发挥作用。[1] 直接融资市场日益壮大，私募股权投资、上市发行股票融资、发行债券融资等多种直接融资方式为技术创新企业提供支持。根据 2023 私募股权投资风险投资（PE/VC）行业发展报告，政府引导基金已占国内 PE/VC 存量基金规模的半壁江山，引导其他资本不断流入新兴技术投资领域，头部效应进一步凸显。2022 年，国内 IT、半导体、生物医药等硬科技领域投资热度持续高涨，新能源、新材料行业受关注度亦大幅提升。

（五）数据

数据既是科研活动的基础性资源，也是提高资源配置效率的重要工具。[2] 随着政府数据开放上升到国家战略地位，"数字政府"建设持续推进并取得初步成效，政府部门或公共机构在公用事业、医疗卫生、教育等领域积累了海量的公共数据。政务数据资源开放包括成熟的政府信息和原始数据，原始数据的开放量更大，大多以数据集形式公开。截至 2020 年 10 月，我国公共数据开放有效数据集 98558 个，是 2017 年

---

[1] 国家开发银行课题组：《支持创新的金融体系和政策建议》，《保险研究》2018 年第 6 期。

[2] 杨晶、李哲：《试论数字化转型对科研组织模式的影响》，《自然辩证法研究》2020 年第 36 期。

的 11.74 倍，开放数据总容量近 19 亿。通过政府数据开放平台获取政府信息和开放数据已成为实现公共数据开放利用的重要途径。近年来，全国地级及以上政府数据开放平台不断增加，从 2017 年的 20 个增加至 2021 年的 193 个。虽然数据开放形成一定规模，但总体质量情况较差。涉及核心业务办理、社会公众迫切需求的数据较少，出现"有数据无价值"的情况。数据具有一定的时效性，政务数据开放网站的数据统计、开放共享周期较长，无法及时发挥最大价值，满足公众需求。

数据流动利益的复杂性、价值认同的差异性和国家间信任的缺乏，使得各国在短期内很难形成规则共识。围绕自由流动还是本土化存储的核心问题，发达国家大多以促进数据自由流动形成引流效应，抢占更多数据资源。其中美国的跨境数据流动规制更具侵略性和进攻性，以维护数字竞争优势和强化"长臂管辖"为主旨，一方面对涉及重大科学技术、基础领域的技术数据和敏感数据的跨境转移严格限制，另一方面通过"长臂管辖"实施跨境数据执法以促进境外数据向其流动。而同样倡导自由流动的欧盟以充分性认定、建立信任机制等方式维护数据立法话语权，欧盟将隐私权置于不可挑战的位置，数据接收国需证明其本国隐私保护水平与欧盟"实质上相当"，未达标国家和地区或企业禁止数据自由流动。发展中国家由于数据引流能力缺乏而处于相对弱势的地位，中国、俄罗斯等国家以限制重要数据出境、数据本地化储存优先保护国家安全的防守策略为主，但这种"强监管"的模式可能导致数据治理规则与国际脱节，使得本国数据产业难以融入全球价值链，甚至可能扼杀本国数据产业的全球化发展。①

　　此外，数据中心作为重要的新型基础设施，是数字经济时代支撑数字化和信息化转型的关键依托。目前，中国已建成 7 家国家级超级计算中心。各国都在加速布局和建设数据中心，据美国市场研究机构协同研究集团（Synergy Research Group）的最新数据，截至 2021 年，超大规模提供商运营的大型数据中心总数增加到 700 个左右，较 2020 年增长 17.25%。其中，美国大规模数据中心在全球占比高达 49%，位居第一，尽管我国以 15% 的占比排名第二，但数量不及美国的一半。随着数据成为科学研究的必需品，美国除了企业在全球数据中心行业领先全球，联邦政府数据中心的建设也一直在快速推进。美国联邦政府数据中心包括公众访问类网站、用于科学研究的数据中心、战术或便携型数据中心三类。② 以美国国家能源研究科学计算中心（NERSC）为例，其收集信息数据的主要目的有两个：一是预测未来科学需要多大的计算能力；二是预测信息量级达到目前的十倍、百倍之后会出现怎样的新科学范式。③ 在用户方面，NERSC 面向美国能源部资助的所有科学研究项目，以授受申请的方式开放使用，服务对象包括大学研究人员、能源部内部人员以及其他政府实验室、工业实验室、小型企业和私营实验室人

---

① 金晶：《欧盟的规则，全球的标准？数据跨境流动监管的"逐顶竞争"》，《中外法学》2023 年第 1 期。

② Latif I., Misawa S., and Zaytsev, "A Construction of a New Data Center at BNL", *The European Physical Journal Conferences*, Vol.245, No.1, 2020.

③ 王明卿、王玲、王海燕：《美国联邦政府数据中心建设经验及对我国的启示》，《全球科技经济瞭望》2022 年第 10 期。

员，除了数据访问还提供一对一咨询，每年都会收集用户反馈以改进服务。在技术突破方面，NERSC 充分利用企业和社会的创新力量，譬如举办针对技术难题的使用图形处理器（GPU）编程的黑客比赛、开展计算科学暑期学生带薪实习项目、向社会征集量子信息科学领域的项目等，同时通过与企业密切合作，解决数据中心的硬件研发问题。

（六）平台和设施

科研平台不仅是推动重大科学研究和提升研究人员创新能力的重要载体，也是科研院所和机构可持续发展的基础条件。目前我国科研平台种类繁多，包括开放数据探索类平台、科研成果转化类平台、协同创新类平台、人才培养类平台等，一些高校和科研院所也拥有面向不同领域的科研平台，或面向基础前沿探索，或面向核心技术攻关。这些平台不仅为科学研究提供了深入交流与合作的各种场景，也在提高科研水平、促进学科交叉和融合、加强高层次创新人才培养等方面发挥了重要作用。还有一种类型的平台是汇聚大科学装置、信息基础设施等创新资源，连通成为可以承载各类科技创新活动的平台。通过建立信息物理系统，将重大科研基础设施、大型装备和实验仪器、科技公共服务平台等创新基础设施与各种类型的研究网络连接起来，科技创新资源的横向集成、纵向集成以及端对端集成得以实现。我国已初步建成以大型科学仪器设备与研究实验基地、自然科技资源、科学数据、科技图书文献、科技成果转化平台、网络科技环境六大领域为基本框架的国家科技基础条件平台建设体系；各地方结合当地科技经济发展的现实需求和自身优势，因地制宜，建成了一批各具特色的地方科技平台，资源利用率不断提高。

（七）政策

科技创新政策在实践中不断与我国具体国情以及科技创新的新特征、新问题适应性地动态演进，形成覆盖创新要素、主体、机制、产业、区域、创新环境、国际交流与合作等的多层次创新政策体系。科技创新政策通过顶层制度设计，引导和推动科技创新生态建设。与此同时，市场发展、新的社会问题不断涌现以及创新范式更迭也倒逼政策的优化完善。一方面，基于科技强国的发展经验与科技创新发展趋势研判，政府能够通过前瞻性的政策引领科技创新高效发展，譬如，加强研发投入、提升自主创新能力、出台科技发展中长期规划、布局重点发展领域等。另一方面，伴随科技发展进程中出现的不同问题与风险，科技创新治理的主要方向呈现出"市场失灵治理—协调失灵治理—方向失灵治理—自主创新失灵治理"的历史演变路径，[1] 政策主要通过加大公共研发投入、立法保障、重点领域布局、调整和把控创新方向、研发费用扶持、风险投资催化等措施予以响应。当前，科技创新治理体系既有"自上而下"的逻辑，政策先行，超前部署，应对可能发生的失灵问题，也有"自下而上"的逻辑，失灵问题倒逼政策出台。

美国国家创新体系中，政府的全面参与和支持是美国科技发展保持较快速度的关键，通过立法和制定一系列激励创新的税收优惠、人才吸

---

① 郑江淮、章激扬、陈俊杰：《发达国家创新治理体系的历史演变、新趋势及对我国的启示》，《国外社会科学》2020 年第 5 期。

引、技术奖励、知识产权保护等政策，消除科技创新中不必要的制度障碍。美国政府不断根据本国科学技术的发展状况，适时改革税法、完善专利法、颁布新的振兴法及健全行政管理法等，使之能更好地适应科技创新的要求，有力地推进了企业、大学及非营利研究机构的联合研发工作。[①] 特别是对企业这一重要创新主体而言，政府的扶持使得企业愿意面向未来布局，开展研发活动，激发了社会创新力量，美国的"官产学研"国家创新体系也因此高效运转。

三、能力集成

不同的子系统在国家创新体系中扮演着不同的角色，发挥各自不可替代的独特功能，三个子系统各司其职并通过多种能力的互补和集成形成以科学研究、人才培养、创新成果转化为代表的各种体系化能力，并最终形成国家创新体系的整体效能。

（一）人才培养能力集成

从教育和科技相关发展趋势来看，知识生产的方式越来越丰富，知识传播与扩散的载体和渠道愈加多元，科学研究范式加速迭代升级，"科学家＋实验室"的传统科研组织形式逐渐被打破。人才培养在规模、结构、层次、培养模式、供给节奏等方面也应该随着国家创新体系的演进而不断调整。

在人才规模和结构方面，规模宏大、结构合理、素质优良的科技创

---

① 潘冬晓、吴杨：《美国科技创新制度安排的历史演进及经验启示——基于国家创新系统理论的视角》，《北京工业大学学报》（社会科学版）2019 年第 3 期。

新人才队伍是提升国家创新体系效能的关键。教育子系统培养和储备全社会、全行业、多领域的人才,在传统优势学科持续深耕的同时,还应该在学科结构的调整中打破学科间壁垒,加强信息科学、人工智能等强渗透性前沿学科与基础学科的互动,培养具备复合交叉型研究和实践能力和素质的人才。除了各领域的创新型人才和科技人员,国家创新体系的高效运行和不断演进也离不开优秀的教育工作者、行业专家、技术骨干、管理精英和服务型人才,这类人才队伍的建设对提升现代科技治理能力有着非常重大的现实意义。高层次科技人力资源短缺已成为制约国家创新体系建设的主要瓶颈,必须依托基础设施和平台、重大科研项目和产业实践,加大培养力度。

在人才层次方面,我国的顶尖人才数量相对于人才体量而言严重不足,主要原因有三:一是源头培养能力和条件仍需改善,二是对国际人才和优质留学生的吸引力不足,三是本土人才流失。根据高端科技人才趋向于科技水平更高方向的流动规律,要提升顶尖人才的培养水平,同时着力增强对顶尖人才的吸引力,需要持续优化科技创新生态及其要素配置。充足的科研经费、开放的科研机制、宽松的科研环境、稳定的社会环境、具有潜力的职业上升空间和国际合作机会都是重要支撑。①

在人才培养模式方面,打破学科、行业、领域界限,打造多元化的创新人才培养模式是必然趋势。把握科技进步方面的国家重大战略需

① 何丽君:《中国建设世界重要人才中心和创新高地的路径选择》,《上海交通大学学报》(哲学社会科学版) 2022 年第 4 期。

求，探索项目资助、合作研究、体系融合等方式的科教融汇，通过师资、平台等要素的流动和共享推进科教协同；把握产业转型升级方面的国家重大战略需求，企业强化自身主体作用，积极参与专业人才的技能和实务培训，与高校共同探索研究院、产业基地的合作建设，有效对接产业链和人才链。此外，还可以增进对人才成长规律的认识，尝试通过全周期、宽口径、多维度的数据收集和分析，建立人才画像数据库，逐步形成对战略科学家、领军人才、基础研究人才、高技能人才等各类人才成长过程的规律性认识和系统性理解。在此基础上，进行更具针对性和可操作性的政策设计及制度安排，不断完善人才发展的体制机制，引导人才健康成长。

在人才供给节奏方面，人才培养具有长期性，无法一蹴而就，面对人才结构、层次问题引发的挑战，可以通过不同途径弥补人才缺口。首先，在人才培养上需结合人才成长规律，将科研人才提前分类进行专业化培训，缩短人才培养周期，实施"本硕博"贯通培养，保证培养过程的连贯性和稳定性；其次，人才引进是解决急需专业、特殊专业和领军人才迫切需求的有效途径，基于我国供应链、产业链、创新链的薄弱环节分析我国对全球科技人才的需求结构，通过长期的大科学计划、科研项目和短期的学术交流等多种方式延揽国际高端人才。

（二）基础研究能力集成

加强基础研究是提高我国原始性创新能力、积累智力资本的重要途径。基础研究高质量发展需要强有力的基础条件支撑。

对于战略导向的体系化基础研究，战略科学家在方向识别、团队培养、资源链接等方面发挥着核心作用。在方向识别方面，战略科学家是国家战略科技力量的灵魂人物，对科技创新趋势和研究突破方向的独特识别能力引领着国家战略科技研究方向。在团队培养方面，依靠战略科学家的"塔尖"作用，不断吸引和促成优秀科研人员在某一领域挂帅，通过重大科研任务的攻关，带动科研工作者共攀科学高峰，为国家战略科技力量持续孵化和培养优秀科研团队。[①] 在资源链接方面，战略科学家的超强组织力和影响力促成各种创新资源的集聚，包括全球科研基金的稳定支持、大科学装置和科研平台的界面共享、国际大科学计划的全球创新网络协同等。

对于前沿导向的探索性基础研究，科技子系统内的国家实验室、高水平研究型大学、国家科研机构等建制性科技力量是主力军，以提质增效为导向，寻求自由探索与有组织科研之间的平衡。一方面，这些主体可以发挥教育、科技子系统内的双重身份优势，利用自身在学科、人才、平台等方面的基础条件，在长期的知识融合创造、学科交叉汇聚、人才培育供给的过程中，进行不预设特定目的自由探索科学基本问题的"纯科学研究"和综合运用多学科知识和研究范式的"会聚科学研究"。[②] 另一方面，面向重大科学目标和国家战略需求牵引开展"有组

① 洪志生、孙颖、洪月苇、周城雄：《基于国家战略科技力量培养战略科学家的思考与展望》，《中国科技人才》2022年第4期。
② 吴朝晖：《强化高水平大学的基础研究主力军作用　为建设世界科技强国提供基础性战略性支撑》，《科教发展研究》2022年第4期。

织科研"，在政府和科学家间达成研究选题的共识，统筹不同主体、不同部门、不同机构力量形成合力，依托重大科技基础设施和多方合作，提高创新效率，在有组织的学术自由探索中寻求关键领域、前沿领域的重大科技突破。

对于市场导向的应用型基础研究，企业在做好"出题人"和"阅卷人"的同时，要担当起"答题人"的角色，尤其是科技领军企业应着力发挥市场需求准确识别、研发资金雄厚、组织平台专业的优势，与国家科研机构和高水平研究型大学共建基础前沿研究机构及创新联合体，推动各类主体不断形成共同的市场预期，带动创新链和产业链的同频共振。

（三）颠覆性技术创新能力集成

颠覆性技术多为高风险、高挑战的项目，其诞生和发展伴随着主流市场的变革和对既有格局、规则、框架的巨大冲击，是未来经济社会发展和国家竞争力提升的利器。因此，需要有组织、有策略地进行颠覆性技术创新的超前布局，抢占技术前沿领域的制高点，建立多维度的非对称竞争优势，并降低颠覆性技术可能带来的不确定性。

首先，要想在短期内实现颠覆性技术创新的重大突破，必须发挥新型举国体制的优势，统筹协调优势资源和力量，以重大任务和计划为导向，开展重大科技的联合攻关。政府要将需求牵引和产业引领相结合，有效把控颠覆性技术创新的前沿领域和主攻方向，同时从顶层设计上破除组织结构、管理模式和激励制度等方面的制度藩篱。发达国家通过开展关键核心技术联合攻关的模式取得良好的效果，代表性案例有比利时微电子中心、德国的弗劳恩霍夫协会和法国卡诺研究所计划。①

其次，颠覆性技术创新可能需要很长时间才能在大量潜在应用中实现盈利，同时其对金融范式的影响和破坏也有可能打破原有经济体系的稳定，进而导致更大的经济波动和危机。② 因此，财政支持和社会资本对颠覆性技术攻关的持续投入是颠覆性技术创新项目渡过"死亡之谷"的关键。鉴于私人资本的"短视性"，政府行业政策和直接投资担负行业先导的角色，可以激励和吸引更多的私人资本进入基础研究与商业化生产之间的融资真空地带。

此外，颠覆性技术创新在形成制衡能力前，必须在多个市场获得大规模的应用机会，以实现场景赋能。以新一代信息基础设施为依托，运用大数据、云计算、区块链、人工智能等技术手段，聚焦社会发展的现实需求，建构和开放层次更为丰富、领域更加交叉的社会应用场景，形成科技成果与社会需求充分互动的局面，在新兴技术获得能量释放空间的同时，让老百姓更多地感受到科技进步的"社会温度"。

（四）科技成果转化能力集成

在国家创新体系的视角下，科技成果转化全过程集成教育、科技、经济社会三个子系统的各类主体，要求政、产、学、研、用、金、介协同联动，创新链、产业链、人才链、资金链"四链融合"。科技成果转

---

① 罗军、侯小星、陈之瑶：《央地联动发挥新型举国体制优势开展关键核心技术攻关研究》，《科技管理研究》2021 年第 23 期。

② 刘笑、揭永琴、胡雯：《颠覆性创新的概念嬗变、边界拓展与未来研究展望》，《创新科技》2023 年第 3 期。

化面向市场，经济社会子系统的参与弥补了科技子系统的能力缺口。企业"掌舵"，提出技术研发目标和方向，并参与研究过程中，解决科技子系统可能脱离市场的问题。政府通过政策与法律法规的引导和规制，优化各界的创新资源配置，尤其是针对引导资本流入耗时长、回报不确定但对国家战略需求有重要意义的科技创新行业，社会资本与中央和地方政府协同进行资金扶持，多渠道合理分担风险。科技服务机构搭建管理咨询、信息交流、技术服务、专利服务的平台，使产研双方的技术供求能够高效匹配。此外，用户作为产品和服务的最终使用者，也可以与企业对接产品需求和使用反馈，为科技创新和产品更新提供新的思路。

四、机制耦合

从机制视角来看，国家创新体系整体效能的提升涉及成果转化机制、产学研协同机制、科技与产业双向贯通机制、公—私部门互动机制等多重机制之间的耦合联动。近年来，习近平总书记先后提出"强化企业科技创新主体地位，发挥科技型骨干企业引领支撑作用，营造有利于科技型中小微企业成长的良好环境，推动创新链产业链资金链人才链深度融合"[1]，"健全关键核心技术攻关新型举国体制，要把政府、市场、社会有机结合起来，科学统筹、集中力量、优化机制、协同攻关"[2]，

---

[1] 习近平：《高举中国特色社会主义伟大旗帜　为全面建设社会主义现代化国家而团结奋斗——在中国共产党第二十次全国代表大会上的报告》，中国政府网，https://www.gov.cn/xinwen/2022-10/25/content_5721685.htm，2022 年 10 月 25 日。

[2] 《中央全面深化改革领导小组第二十七次会议召开》，中国政府网，https://www.gov.cn/xinwen/2016-08/30/content_5103650.htm，2016 年 8 月 30 日。

"建设教育强国、科技强国、人才强国具有内在一致性和相互支撑性，要把三者有机结合起来、一体统筹推进，形成推动高质量发展的倍增效应"① 等一系列关于科技创新的重要论述，为多重机制耦合指明了方向。中国在科技创新领域已取得举世瞩目的成绩，对国家创新体系建设的探索自新中国成立后也从未停歇，但要想实现国家创新体系整体效能的提升，实现与发达国家的并驾齐驱甚至超越，就必须摆脱舒适区，破除体制机制障碍，实现多重机制的高度耦合。

（一）多重机制耦合关系

国家创新体系整体效能提升涉及多类主体、多种要素、多项能力的协同发展，这些不同类型主体和要素在不同背景下形成了各自的运行机制，而这些机制并非是相互独立存在的。各类创新活动之间的关联使得多重机制相互影响和作用，进而影响国家创新体系的整体效能。因此，应当梳理创新主体及多重机制间的耦合关系，提高主体、要素和能力的配置效率，着力改善科技创新治理效果。国家创新体系中涉及科技创新治理的机制有科技成果转化机制、科技和产业双向链接机制、科技评价机制、资源配置机制、矛盾和冲突磋商解决机制、四链融合机制等。每一项机制都包含政、产、学、研、用、金、介中的多个乃至全部主体。不同主体在上述机制中发挥的作用各不相同，因此在不同机制之间的耦

① 《习近平在中共中央政治局第五次集体学习时强调　加快建设教育强国　为中华民族伟大复兴提供有力支撑》，中国青年网，http://news.youth.cn/sz/202305/t20230530_14549925.htm，2023 年 5 月 29 日。

合过程中，需协调好各类主体在其中的角色和定位，科学布局，系统筹划，避免"合成谬误"。譬如，在科技评价机制中，政府有关部门往往作为评价组织方对发出的科研项目研究成果组织专家进行评价，但在资源配置机制中，相关部门又往往作为资源的分配者主导科研资金、资助补贴的分配，同样的部门既主导科研资金的分配，又负责对科研资金的使用效果进行评价，可能会导致评价结果失真，资金使用效率偏低。

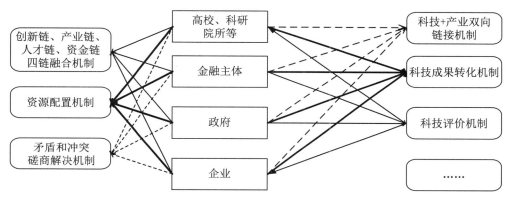

图 5-2 国家创新体系中各类主体与多重机制间的耦合关系

多重机制间的耦合并非单一的线性关系，而是复杂的网络结构，机制间可能存在主体和要素配置上的叠加或真空，也可能存在目标上的错位或冲突，因此机制之间可能会单向加持或相互促进，也可能会产生抑制或掣肘关系。譬如，在进行科技与产业的双向链接时，既需要科技发展促进产业升级，也需要产业发展加持科技创新，所涉及的创新主体主要包括企业、高校和科研院所。然而要保证"科技 + 产业双向链接"的机制能够畅通，前提是有良好的"科技成果转化"机制和"产学研协同"机制。"科技成果转化"机制主要是由科技向产业的单向转化机制，可以说是对"科技＋产业双向链接"机制的单向加持，同时是"产学研协同"机制的一部分。而创新链、产业链、人才链、资金链"四链融合"机制则需要高校、科研院所、金融主体、政府和企业等主体共同配合，因其所涉及的主体和要素较多，机制也就更为复杂，保证该机制畅通的前提则是前述机制能够畅通。如果"科技成果转化"机制出现障碍，则会抑制"产学研协同""四链融合""科技＋产业双向链接"等机制的运行。

（二）机制耦合中的"合成谬误"

在新形势下，"整体效能"强调的是直面全球科技与产业竞争的整体效率、效果和效益，突出的是保障高水平科技自立自强的体系化能力。在提升国家创新体系整体效能的过程中，涉及多元主体的互动和协同、各类要素的流转和组合、多种功能的互补和集成、各种机制的联动和耦合，以及央地之间、各地方各部门之间战略、规划、政策的接续和配合。在这样一个极其复杂的系统耦合中，个体层面的理性和效率不一定能带来整体的有效性；局部的最优，并不意味着全局的最优；微观上的井井有条和精益求精，在宏观层面未必会有同步的响应，甚至可能出现体系"空转"的情况。这就是经济学家萨缪尔森（Paul A. Samuelson）提出的"合成谬误"现象，其危害甚大，在国家创新体系建设中必须努力避免。

在国家创新体系的机制耦合过程中，引致"合成谬误"的原因有以下四个方面。一是指挥失灵，统筹乏力。系统中的"关键少数"在方向抉择、力量编成、资源配置、行动协调等方面没有发挥主导和决定性作用，未能掌控体系进化的方向和全局。二是结构僵化，要素阻滞。内外部环境快速迭代变化，范式转换却严重滞后，体制机制突破步履维艰，要素的流动和开发利用受到阻碍和限制。三是政出多门，各行其是。囿于经验掣肘和路径依赖，部门及主体之间的"筒仓心态"占据上风，导致战略协同的主动性和"补位"意识缺乏，执行过程中的沟通机制疲弱。四是制度失效，生态失序。在评价、奖惩、内控、协调等方面存在制度缺失或执行不力，或者组织内部的生态不佳，以及组织之间的生态"互掐"，都会造成要素、结构和功能的混乱，导致系统运行失稳。

（三）优化机制耦合的路径探索

要克服国家创新体系效能提升过程中机制耦合的"合成谬误"问题，既需要全方位监控机制耦合的过程，尤其是教育、科技、经济社会三个子系统中的主体互动、要素流转等方面，也要在组织和制度层面进行反思和优化，保障"三个第一"能够有效提升国家创新体系效能。具体可以从以下四个方面发力。

首先，要强化顶层统筹。国家创新体系建设事关社会主义现代化国家建设大局，必须坚持和加强党的全面领导，完善指挥和统筹的体制机制，多措并举，着力形成科技创新的体系化能力。一要推进重大科技决策制度化，加强高水平科技智库建设；二要加快打造应对复杂任务情境的战略科技力量，推动"有为政府"与"有效市场"的有机结合，探索并完善新型举国体制；三要实现建制内科技人才、财政资金、空间载体、设施平台等重要创新资源的整体化、协同化配置；四要深化科教融合、产教融合以及产学研结合，解决科技与经济"两张皮"的问题。

其次，要加强战略协同。党的二十大把教育、科技、人才作为全面建设社会主义现代化国家的基础性、战略性支撑，为提升国家创新体系整体效能指明了方向。在新征程中，应着力推进科教兴国战略、人才强国战略、创新驱动发展战略的统筹部署，实现教育优先发展、科技自立自强、人才引领驱动的系统谋划，促进形成"第一生产力""第一资源""第一动力"相互推升、彼此促进的耦合关系，推动创新链、产业链、人才链、资金链"四链融合"向纵深挺进。在这个过程中，需要各部门在形成共同战略愿景、明确协同目标、制定联动方案、携手推进重大举措等方面多下功夫。

再次，要推动政策集成。在科技创新治理实践中，各地方各部门都会结合自身的发展目标和工作需要，制定形形色色的科学政策、技术政策和创新政策，分别从需求侧、供给侧、环境侧发力，加强基础条件和能力建设，推动体制机制改革，为科技创新的能量释放提供更多的可能性。在政策形成的过程中，如果站位不高，视野不宽，加上缺乏必要的沟通和协调，很容易催生由众多政策"烟囱"或"竖井"构成的"政策丛林"，在政策实施时出现"神仙打架"的局面。国家创新体系关乎多元目标，面临多重约束，且处在持续的动态变化中，政策集成具有高度的复杂性，需要切实加强各地方各部门的纵向联动和横向协同，并借助数字化手段，尽可能地减少政策叠加，增强政策互补，消除政策冲突，填补政策盲区。

最后，要促进生态互洽。国家创新体系需要多领域、多层次的产业和区域创新生态支撑，涉及"硬条件"建设和"软环境"营造。在推动形成良好创新生态的过程中，为了吸引和集聚人才、机构、资本等高能级创新要素，各地政府总会想方设法，在空间布局、设施建设、制度供给等方面暗暗较劲，比拼条件。如果缺乏必要的沟通，很可能陷入"逐底竞争"的困境，影响区域创新生态的健康发展。当前，我国正加快北京、上海、粤港澳国际科创中心以及若干区域科创中心建设，应该以此为抓手，在区域创新生态协同治理方面走出一条新路。区域内各省市要在制定科创发展规划、布局大科学设施和新型基础设施建设、启动科技和产业化重大项目，以及制定或调整科技创新领域重要政策方面，形成长效沟通机制，共同营造良好的区域创新生态。

第二节　以"三个第一"提升国家创新体系整体效能的路径设计

路径设计分为总体思路和方案设计。

一、总体思路

国家创新体系整体效能的内在本质是"效"（效率、效果、效益）和"能"（体系化能力），其外在表现则是国家创新体系的韧性、张力、活力、弹性和黏度。其中，韧性代表国家创新体系的高水平供给能力、对外承压能力和抗风险能力，意味着国家创新体系必须形成高质量的科技供给系统、高水平的人才供给系统和高效的科技成果转化机制；张力代表一个国家的创新体系在全球科技创新中的引领能力和影响力，意味着国家创新体系必须深度参与国际科研合作和全球科技治理，掌握国际话语权，同时建立和完善科技合作网络，汲取外部的信息和能量；活力代表一国创新体系内科技创新活动的活跃度，意味着国家创新体系必须营造健康的科技创新生态，设计能够激发创新活力的科技评价体系；弹性代表国家创新体系的制度供给能力和应变能力，意味着国家创新体系应当建设完善的科技制度供给体系，形成灵活的战略应对能力，能够充分调动国内各方力量和资源应对复杂多变的科技竞争态势；黏度代表国家创新体系对全球优质创新要素和资源的吸引力，意味着国家创新体系应当具备开放包容的创新文化和公平正义的制度环境。

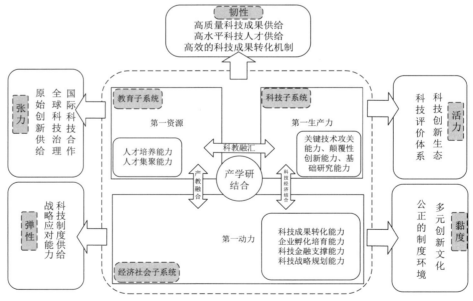

图 5-3 以"三个第一"提升国家创新体系整体效能的总体思路

因此，要以"三个第一"提升国家创新体系的整体效能，就应当从整体效能的韧性、张力、活力、弹性和黏度出发，充分发挥新型举国体制的优势全面强化国家创新体系建设。在党的二十大会议上，习近平总书记强调"必须坚持科技是第一生产力、人才是第一资源、创新是第一动力，深入实施科教兴国战略、人才强国战略、创新驱动发展战略"①，体现出对科技、人才、创新发展的内在规律及其对于建设国家创新体系重要性的深刻认识。新一轮科技革命临近之际，需要在深入认识科技创新规律、研判未来发展趋势、准确把握国家重大战略需求的前提下，进一步探索国家创新体系中主体互动、要素整合、能力集成和机制耦合的机理，在此基础上以打造高质量的科技供给系统、高水平的人才供给系统和高效的科技成果转化系统强化国家创新体系的韧性，以深度参与国际科研合作和全球科技治理、强化原始创新能力增强国家创新体系的张力，以营造健康的科技创新生态和科学的科技评价体系激发国家创新体系的活力，以强化科技制度供给和战略应对能力增强国家创新体系的弹性，以营造开放包容的创新环境和公正的制度环境提升国家创新体系的黏度。

二、方案设计

（一）国家创新体系韧性：增强高水平科技供给能力

在国际形势变幻莫测、科技竞争日趋白热化的复杂外部环境下，国家创新体系的韧性关乎一国能否在未来科技竞赛中坚守阵地，持续跟进科技创新前沿，不断涌现高质量的科技成果，有效应对技术壁垒、脱

---

① 《习近平代表第十九届中央委员会向党的二十大作报告》，共产党员网，https://www.12371.cn/2022/10/16/ARTI1665901576200482.shtml，2022 年 10 月 16 日。

钩断链等威胁。为提升国家创新体系韧性，需全面强化教育、科技、经济社会子系统对"第一生产力""第一资源"和"第一动力"的高质量供给。

第一，强化建制性和社会化创新主体协同，形成高质量科技供给体系。首先，厘清我国建制性创新主体（国有企业、高等院校、国家科研机构、国家［重点］实验室等）和社会化创新主体（民营科技型企业、新型研发机构、其他社会科技组织）的结构比例和功能定位，依据共性技术研发、"卡脖子"技术攻关、事关国家安全和重大战略利益的科研任务所需的创新能力和资源情况，为不同类型的创新主体进行任务分配，对组成国家创新体系的主体进行科学分类和功能定位，形成多层次高效协同的科技供给体系；实现以政府为主导的科学研究和以市场为驱动的科学研究紧密互补、协同发展，避免重复研究、资源使用效率低等问题。其次，强化战略科技力量的引领作用，以国家实验室、国家科研机构、高水平研究型大学以及科技领军企业为核心，加强协同与融合，打造能够应对全球前沿科技竞争中多任务情境的战略科技力量体系。最后，夯实科技基础设施，优化科技服务水平，以完备的科技创新物质技术条件服务于前沿科学研究、关键核心技术突破、战略科技安全等重大科技任务。

第二，以科教融汇、产教融合、产学研协同赋能科技人才培养，打造高水平人才供给体系。充分发挥科研的育人作用，倡导科教融汇，以科研带动教学，以教学促进科研，持续加强高校校内科研职能与教学职能的融合、科研单位与教育单位的融合、科研管理机构与教育管理机构的融合，探索科研系统评价激励体系改革，强化对高校科研人员人才培养绩效的考核；深化产教融合，建立产学研联动的有效载体或平台，探索常态化产教融合教学模式。

第三，以高效的科技成果转化机制加速知识转化，提升科技供给体系的运行质量和效率。一方面，加强政府对高校院所科研成果转化的支持和引导，提供体系化的政策支持和资金支持，通过设立专项资金、实施优惠税收政策等方式激励企业参与到科技成果转化中来；加强知识产权保护方面的制度供给，完善知识产权法律法规，加强科技成果转化专业人才队伍建设，强化对科研人员和企业合法权益的主动保障。另一方面，不断消除科研成果转化的制度障碍，调动科研人员和企业参与科技成果转化的积极性。

（二）国家创新体系张力：增强科技创新的全球影响力

国家创新体系效能的充分发挥离不开与全球创新网络的深度互动。要提升国家创新体系整体效能，必须持续加强国际科技合作，积极参与全球科技治理，增强自身原始创新能力以掌握在全球科技创新治理中的话语权。

第一，推动国内创新主体和人才积极参与国际科技合作。一方面，要健全政策和制度的支持引导，增进与国际社会的交流和互动，保持与各国政府的沟通和协调，为高校、机构、企业和人才开展国际合作提供有力保障。另一方面，鼓励科研机构和科研人才与国外相关机构加强交流与合作，推动国内科研人员积极参与国际学术会议、高端科技和产业论坛和国际科学组织，不断提升我国在全球科技治理中的影响力。

第二，深度参与全球科技治理，提升我国创新体系的国际影响力。借鉴发达国家在参与全球科技创新治理方面的体制机制安排、部门机构设置、开放合作战略及相关科技计划，制定符合我国国情的策略和机制。一方面，在科技创新的内外部环境发生整体性、格局性、历史性变化的当下，鼓励我国优秀人才在国际科技组织任职。《中国科协 2021 年度事业发展统计公报》显示，2021 年我国在国际民间科技组织中任职的专家已达 2446 人，其中担任高级别职务的有 1265 人。未来我国应进一步输送更多人才参与国际科技组织工作。此外，应鼓励我国科学家牵头发起全球性创新议题，积极参与和主导策划国际大科学计划与国际大科学工程，主动嵌入全球科技创新网络，着力提升在全球范围内配置和运筹创新资源的能力。另一方面，积极参与国际技术标准制定，健全国内标准制定机制，加强与国际标准的接轨，降低国内科技创新主体参与国际技术标准制定的学习成本和转换成本；加大宣传力度，拓展企业、科研机构和政府的全球视野，不断提高我国在全球科技治理中的话语权和影响力。

第三，支持在我国境内设立国际科技组织，吸引外籍科学家在我国科技组织中任职。一方面，学习借鉴发达国家人才引进及资助政策，并结合我国供应链、产业链、创新链的薄弱环节，分析我国对全球科技人才的需求结构，重点引进急需人才、特殊专业人才和领军人才。另一方面，不断提升我国基础研究能力和原始创新能力，营造优越的学术氛围和研究环境，增强对全球科学家的吸引力和集聚力；通过加强高校和科研机构的国际化水平、改善科技评价体系、提高政府服务水平等举措，进一步优化科技创新环境，加强对国际顶尖人才的吸引力。

（三）国家创新体系活力：调动创新主体积极性和增强要素流动活力

科技评价是激发科技创新主体活力的重要机制，也是优化创新生态的重要手段。应当积极探索科技评价体系改革的有效路径，以激发各层次创新主体和科技人才的创新活力为宗旨，优化创新生态；鼓励科技人才树立高远的理想和坚定的奋斗目标，发扬无畏探索精神，潜心深耕科技创新"无人区"。目前，科技评价体系存在评价指标单一化、片面化、评价机制僵化等问题。

第一，建立健全分层分类的科技评价体系。一方面，探索人才分层评价机制，开展科研项目全生命周期评价，形成更加合理、细致的科研成果评价机制，避免使用刻板、固定的关键绩效指标进行考核，防止形成以数量替代质量的不良风气，加快建立以创新价值、能力、贡献为导向的人才评价体系。另一方面，改进项目评价体系，探索弹性评价机制，以"里程碑式＋综合绩效式"评价模式对联合攻关等重大科技项目开展评价，鼓励科研人员着眼长远、面向未来开展科研工作。此外，着力解决科技资源配置中的结构性问题，适当增加非竞争性经费比例，加大对战略科技力量的保障性经费支持，从根本上突破体制机制障碍，让机构、人才、装置、资金、项目活跃起来，形成创新发展的强大合力。

第二，营造科技创新要素自由流动的创新生态。一方面，打破行政区划隔阂，促进科技创新要素在区域间自由流动，分析创新驱动发展战略下创新生态营造的努力方向，围绕重大科技发展战略目标调动科技创新要素，发挥新型举国体制的制度优势。另一方面，立足科技评价改革和创新生态营造，制订激发传统建制性科技力量和社会创新力量活力的战略举措。此外，应努力营造有利于青年科技人才成长的环境，设计合理的评价和晋升机制。

（四）国家创新体系的弹性：增强压力和风险应对能力

随着科技创新各领域深度交叉融合，传统的科学研究范式不断被改变，新一代信息技术、人工智能、物联网等技术加速迭代发展，对常规科学和技术体系的模式、结构和功能提出一系列新的挑战。为应对复杂多变的科技发展和国际竞争形势，应当进一步健全科技创新制度供给体系，增强国家创新体系弹性，为应对外部形势变化和冲击提供坚实的制度保障。

第一，不断强化科技创新制度保障。首先，加强知识产权保护的相关机制建设，进一步完善知识产权保护体系，提高知识产权审核、授权的质量评价标准，加强与国际知识产权标准的对接。同时，加大知识产权保护意识的宣传推广力度，提高公众的知识产权意识。其次，不断完善科技立法，加强对各类创新主体合法权益的保障。一方面，加强对科技创新人才的保障工作，建立完善的科技人才保障机制，包括权益维护、职业发展保障和社会保障，提高科技人才的积极性和创造力；另一方面，加强科技安全保障的立法工作，建立完善的科技安全保障体系，包括加强对新兴科技领域的监管和管理，提高科技安全保障的效率和质量。此外，还应加强对科技成果转化、技术交易等过程的立法保障。最后，以高效的制度供给增强国家创新体系对外部形势变化的战略应对能力。在面对诸如新冠肺炎疫情、俄乌冲突此类"黑天鹅"事件以及大国博弈等"灰犀牛"事件时，需要提前构建安全敏捷的战略反应体系，建立当重大危机事件发生后科技攻关的保护机制，提高化解系统性风险的能力，着力建设完备的创新链、产业链、供应链和价值链体系。此外，不断增强技术预见和风险预判能力，通过制定科技战略规划，应对国际科技竞争形势变化。

第二，注重制度设计的"提前量"与"冗余度"。为应对复杂多变的外部形势，应当重视科技创新制度的"提前量"和"冗余度"设计，着力增强国家创新体系应对外界冲击的弹性。一方面，要在科技战略制定上抢先一步，做好未来技术预见，提前针对可能到来的技术变革在制度供给上作出响应，避免未来陷入战略被动。另一方面，在制度设计时留出足够的弹性空间。譬如，当科技创新活动发生目标调整或重大形势变化时，评价制度应允许创新主体以合理的方式改变研发计划并调整研发目标。

第三，加强区域创新协同。区域创新协同不是简单的空间连通和规模叠加，而是通过对接优势资源，促进人才、技术、资本等各类要素的共享，推动创新能力互补，激发科技创新的"场效应"。首先，加强设施统筹，在规划布局方面注重会商协调，提升服务运营效能；探索构建具有数据归集、算法训练、算力调配、保密传输等功能的增强型赋能网络，夯实区域协同创新的设施基础。其次，强化制度联动，探索更具深度的合作模式和机制，对焦国家战略需求，集中优势力量开展联合攻关；探索人才供给的区域统筹和校际联动，深化科教融汇和产教融合；探索构建区域一体化的科技服务体系。最后，推动生态互治，着眼于创新链、产业链、资本链、服务链的耦合互动，加快相关政务流程的一体化改造，通过资本、服务、平台、数据及场景赋能，全面改善营商环境。

（五）国家创新体系的黏度：增强高能级要素和资源吸引力

随着科技创新在经济发展中的地位日益提升，全球科技人才和资源的竞争变得越发激烈。如何提高国家创新体系对全球人才和资源的吸引力，已经成为许多国家共同面对的问题。在吸引国外人才和科技资源的诸多举措中，开放多元的创新文化起着基础性作用。同时，还要注重加快科研基础设施建设，加强国际科技合作，处理好政府与科技创新、市场之间的关系，通过营造优渥的科研环境和创新生态吸引全球高水平科技人才和资源。

第一，营造开放多元的创新文化，提高对不同文化背景、不同种族科技人才的吸引力。一方面，应当鼓励创新思维，尊重知识创造，支持创新创业，引导科技创新回归创新本质，注重长远发展和基础研究，充分激发人才的创新热情和创新能力，营造充满活力的创新文化氛围。另一方面，加强对国际多元文化的包容和理解，通过扩大宣传、举办活动等方式，营造全社会尊重知识、开放包容的多元创新文化。

第二，加快科研基础设施建设，提升科技服务水平。首先，加大科研基础设施的投资力度，提升科研设施的运营服务水平和质量，为国内外科学家提供一流的科研环境。加快重大科研基础设施的布局和建设，增强对基础研究、前沿探索性研究、颠覆性技术创新研究的支撑能力，形成支撑重要领域的重大科研基础设施体系。其次，加大重大科研基础设施开放力度，加强对高校、科研院所和科技型企业的服务支撑，提升重大科研基础设施服务能级，提高其链接科研、产业的积极性和主动性。最后，健全对科研基础设施服务水平和开放成效的评价体系，以科学评价激励重大科研基础设施赋能科技创新。

第三，处理好政府、科创和市场之间的关系。加强对人才、资金、制度、信息、设施、服务等科技创新资源要素供给的保障，科学制定科技创新的顶层设计和发展规划，分析国家财政投入/企业研发投入、基础研究投入/应用研究投入两个维度的统筹布局及配置思路。尤其要重视面向"大科学"的科技资源配置、面向常规性基础研究的科技计划管理、面向产业关键技术突破的科技攻关、市场主导型科技资源配置的合理性与科学性。一方面，通过资源转让、交易等方式，促进现有存量资源高效流动，提高存量资源利用率。另一方面，在资源配置中，正确处理好政府与市场的关系，主动转变政府职能，减少政府对资源的直接配置，进一步发挥市场的决定性作用，以提高资源配置效率为抓手推动科技创新的高质量发展。

第六章

提升国家创新体系整体效能的策略选择及重点举措

在党的十八届五中全会上，习近平总书记指出："我国创新能力不强，科技发展水平总体不高，科技对经济社会发展的支撑能力不足，科技对经济增长的贡献率远低于发达国家水平，这是我国这个经济大个头的'阿喀琉斯之踵'。"[1] 党的二十大报告再次明确指出："发展不平衡不充分问题仍然突出，推进高质量发展还有许多卡点瓶颈，科技创新能力还不强。"[2] 这意味着我国国家创新体系的整体效能还不高，创新体系建设任重道远。本书第四章第二节中对中美德日四国国家创新体系整体效能的对比分析也揭示了我国国家创新体系的张力、黏度、弹性还不够强。科技创新是保障国家安全和推动高质量发展的核心力量，科技创新竞争关乎国家战略安全和人民福祉。在科学技术突破的复杂度和难度日益提高，科技创新活动不断突破地域、组织、技术界限的背景下，科技创新竞争已演化为创新体系之间的竞争。必须充分激发科技作为第一生

---

[1] 习近平：《在党的十八届五中全会第二次全体会议上的讲话（节选）》，中国共产党新闻网，http://cpc.people.com.cn/n1/2016/0101/c64094-28002398.html，2016 年 1 月 1 日。

[2] 习近平：《高举中国特色社会主义伟大旗帜　为全面建设社会主义现代化国家而团结奋斗——在中国共产党第二十次全国代表大会上的报告》，中国政府网，https://www.gov.cn/xinwen/2022-10/25/content_5721685.htm，2022 年 10 月 25 日。

产力、人才作为第一资源、创新作为第一动力的核心作用，全面推动国家创新体系整体效能进一步提升。

第一节　策略选择

目前，我国科技创新能力不足的主要表现为：面临众多"卡脖子"技术问题，一系列核心装备、仪器、软件、材料、零部件、工艺等受制于人；基础研究同国际先进水平差距明显，底层逻辑与源头架构尚不清晰。当前，新一轮科技革命带来的是更加激烈的科技竞争，如果科技、人才、创新水平不具备优势，国家在全球创新竞争中就会处于被动局面。

一、强化"第一生产力"的有效供给

党的十八大以来，在党中央的坚强领导下，广大科技工作者共同奋斗，我国科技事业取得全方位、跨越式的长足进步，为经济社会发展持续注入强劲动力。同时，我国成功跻身创新型国家行列，在全球科技治理中的位置和作用越加显著。近年来，国际政治经济形势发生一系列深刻变化，党中央审时度势，把创新置于我国现代化建设全局中的核心地位，把科技自立自强作为国家发展的战略支撑。在严峻挑战和重大机遇交错并存的背景下，国家创新体系必须更具韧性、张力、活力、弹性及黏度，不断强化"第一生产力"的有效供给。具体可以从以下五个方面着手。

一要加快科技创新的基础条件和能力建设。我国的全社会研发投入已经从 2012 年的 1.03 万亿元增长到 2022 年的 3.08 万亿元，研发投入

强度从 1.91% 增长至 2.54%。在建立投入增长保障机制的同时，还要注重投入结构改善和效率提升问题。在重大基础前沿领域、在未来技术发展最有可能实现突破并产生深远影响的重要方向、在事关国家发展全局和总体安全的战略必争之地，进行超前布局，开展策源性、战略性和储备性研究，尽快提升自主研发能力，筑牢国家创新体系的战略根基。

二要加快打造能够应对多任务情境的战略科技力量。面向主导产业和未来产业的关键核心技术领域，以重大科技专项、大科学设施、产业化项目为抓手，强化协同机制建设，打造以国家实验室、国家科研机构、高水平研究型大学以及科技领军企业为核心，贯通不同类型组织，跨产业、跨领域、跨区域，能够直面全球科技前沿竞争的战略科技力量，不断实现"卡脖子"技术瓶颈的集群式突破。在具有基础性和先发性优势的领域，着力增强对创新链和产业链关键环节的掌控能力，锻造旨在形成制衡能力的"杀手锏"，争取更大的战略主动。另外，颠覆性技术研发事关产业安全和经济社会稳定，其重要性和紧迫性越加凸显，必须未雨绸缪，启动有组织、策略化的超前研究部署。

三要探索构建更加自主、协同、开放的新型举国体制。新型举国体制是贯彻落实国家重大战略意图的任务体制，是国家创新体系的重要支撑。在新形势下，一方面要依托"集中力量办大事"的制度优势，另一方面要发挥市场在资源配置中的决定性作用，调动市场主体参与的积极性。既要关注特定领域攻关目标的实现，也要注意效率提升和成本控制。尤其要发挥重大科技决策机制的作用，对需要全力攻关的任务结构进行识别和分析，并根据轻重缓急进行任务排序。

四要加强区域创新协同。区域创新体系是国家创新体系的重要组成部分，在整体效能提升中具有"落棋一子，满盘皆活"的效用。在京津冀、长三角、粤港澳等经济发达、科技资源富集的区域，通过加强区域创新协同，可以集中区域内的优势力量和有利条件，快速形成重点领域从科学发现、技术发明到产业突破的体系化能力，打造世界级创新产业集群，代表国家参与全球科技和产业竞争。区域创新协同是一个面向诸多不确定性的渐进过程，首先要在使命和愿景层面引发共鸣，而后逐步达成行动层面的共识，再到责任共担和资源共享，最终实现科技创新共同体的共建和共治。

五要坚持科技创新领域更高水平的对外开放。科技自立自强绝不意味着"闭门造车"，国家创新体系需要时刻保持与外部世界的高频互动，主动融入全球创新网络，持续获得信息交互和能量反馈。为此，要扩大国际科技交流合作，加强国际化科研环境建设，形成具有全球竞争力的开放创新生态。在营造开放创新生态的过程中，应该显示负责任大国的胸怀和格局。一方面，可以依托已建成的大科学设施，策划和组织国际大科学计划，启动国际大科学工程，引天下之英才。另一方面，可以聚焦基础前沿和关乎人类共同命运的重大问题，设立开放式科研基金，汇聚全球智力资源，为解决全球性问题作出中国贡献。在此基础上，不断拓展国际科技合作的新空间，强化重大科学议题设置能力，参与制定并维护国际科技合作的规则和秩序，深度参与全球科技治理。

二、增强"第一资源"的保障能力

习近平总书记指出:"我国要实现高水平科技自立自强,归根结底要靠高水平创新人才。"① 人才是国家创新体系中最活跃的要素,是整体效能提升的决定性力量。人才来源于高水平的教育,并在丰富多彩的创新实践中历练成长。改革开放以来,我国教育事业快速发展,高等教育在学总规模已达 4430 万人,其中博士和硕士研究生规模居世界前列,为科技创新和经济社会各条战线培养和输送了大量人才。但是,随着科技创新的快速迭代发展,人才培养工作也存在一些问题和短板,需要全面考量和反思,系统施策。

党的二十大报告创新性地提出教育、科技、人才"三位一体",要求"坚持教育优先发展、科技自立自强、人才引领驱动,加快建设教育强国、科技强国、人才强国,坚持为党育人、为国育才,全面提高人才自主培养质量,着力造就拔尖创新人才,聚天下英才而用之"②。这一论述明确了进一步做好人才培养工作的战略思路和根本遵循。以此为指针,我们必须加强对科技进步、教育发展及人才成长的趋势研判、规律认识和需求把握,在此基础上深化人才发展体制机制改革,进一步完善相应的条件支撑,持续增强"第一资源"的保障能力。

---

① 习近平:《加快建设科技强国 实现高水平科技自立自强》,《求是》2022 年第 9 期。

② 习近平:《高举中国特色社会主义伟大旗帜 为全面建设社会主义现代化国家而团结奋斗——在中国共产党第二十次全国代表大会上的报告》,中国政府网,https://www.gov.cn/xinwen/2022-10/25/content_5721685.htm,2022 年 10 月 25 日。

从教育和科技相关发展趋势来看，知识生产的方式越来越丰富，知识传播与扩散的载体和渠道越加多元，科学研究范式加速迭代升级，"科学家＋实验室"的传统科研组织形式逐渐被打破。从国家创新体系演进的角度看，必须密切关注不同学科领域知识生产方式的迭代升级、知识供给侧与需求侧互动方式的持续更新，以及知识转化为现实生产力的路径变迁。要从这些趋势变化中，形成对人才培养模式改革方向及重点领域的整体性认识，进而完善人才供给的顶层设计，满足国家创新体系对于人才规模、结构、层次、供给节奏等方面的复杂性需求。

在探索和认识人才成长规律方面，可以尝试通过全周期、宽口径、多维度的数据收集和分析，建立人才画像数据库，逐步形成对战略科学家、领军人才、基础研究人才、高技能人才等各类人才成长过程的规律性认识。在此基础上，进行更具针对性和可操作性的政策设计及制度安排，不断完善人才发展的体制机制。其中，评价制度改革尤为关键，要以质量、绩效和贡献为导向建立评价体系，完善激励机制，引导人才健康成长。

在把握国家对于人才培养重大需求方面，从科技和产业发展的国际环境看，单边主义、封闭主义、孤立主义迅速抬头，各种试图绕开中国的"圈子"正在形成，科技自立自强的极端重要性和紧迫性日益凸显。因此，人才培养工作必须心怀"国之大者"，关注并把握科技进步和产业转型升级两个方面的国家重大战略需求，大力推进科教融汇和产教融合。除了各领域的战略科学家、科技领军人才以及青年科技人才，国家创新体系还需要一大批优秀的教育工作者、工程技术人才、管理型人才和服务型人才。这些人才仅仅通过教育系统是很难培养出来的，必须借助科技和产业系统的带教力量，依托科研项目和产业化实践，采用"干中学，学中干"的培养模式，助推人才成长。

三、提升"第一动力"的转化效率

有了"第一生产力"的有效供给，有了"第一资源"的可靠保障，还要将其高效转化为创新引领经济社会发展的"第一动力"，使得国家创新体系中的创新链、产业链、资本链和服务链密集交织起来，让跨产业、跨区域、跨领域的创新活动更加活跃并富有成效，不断激发科技进步与市场需求相互碰撞的场效应。加快提升"第一动力"的转化效率，在很大程度上取决于以下六个方面对国家创新体系的赋能成效。

一要引导资本赋能。从科学发现和技术发明的"星星之火"，到燃起产品化和市场化的"燎原之势"，每一步都需要不同类型和偏好的资本关注和介入。因此，一方面要加强政策引导和调控，营造有利于风险资本发展的社会环境，增加中小微科创企业在其全生命周期各环节的融资机会。另一方面要建立国资创投功能性绩效评价考核机制，发挥国资创投在新兴技术投资领域的引导和带动作用。

二要强化服务赋能。以优化营商环境为抓手，构建高成长性创新型企业的发现、培育、扶持及服务机制。通过政策引导和市场培育，加快创业孵化、概念验证、技术中介、成果转化、评估交易、知识产权服务、科技金融、市场拓展、管理咨询、创新方法等专业化的功能性资源集聚，构建功能齐全、层次丰富的科技创新服务体系。

三要促进平台赋能。在多维度技术进步的推动下，科学研究范式和科技创新模式加速迭代发展，日趋数字化、平台化和社会化。面对蓬勃兴起的中小微企业及社会创新需求，应加快谋划，向其开放包括大科学设施、研发与转化功能性平台在内的基础性科研平台；同时，布局和建设一批指向数据归集、算法训练、算力集成、软硬件开发的开源开放创新平台，激活社会创新力量。

四要推动数据赋能。数据已经成为重要的生产要素。面向政府部门公共数据以及公用事业、医疗卫生、教育等领域的准公共数据，构建归集、开发利用及共享的机制和规则体系。建立具有一定数据整合和加工能力的数据中心，推动跨行业、跨区域、跨领域的数据标准化采集和共享设计，并探索形成高效的服务机制，打造"数字引擎"，助推数字型中小企业创新发展。

五要实现场景赋能。以新一代信息基础设施为依托，运用大数据、云计算、区块链、人工智能等技术手段，聚焦社会发展的现实需求，建构和开放层次更为丰富、领域更加交叉的社会应用场景，形成科技成果与社会需求充分互动的局面，在新兴技术获得能量释放空间的同时，让老百姓更多地感受到科技进步的"社会温度"。

六要探索治理赋能。在技术逐渐成熟的过程中，新兴技术应用于经济社会的具体领域后，可能对产业安全、社会秩序、商业道德及科技伦理形成冲击，往往会超出既有法律、政策和制度的规制范围。另外，部分企业借助人工智能等技术，收集、分析并涉嫌非法利用涉及用户隐私的消费行为数据，对于这些行为，取证和监管的难度非常大。面对这些不断涌现的新问题，一方面要在实践中不断积累经验，提升政府制度供给的质量和效率；另一方面要发挥龙头企业、行业协会、第三方组织等多元主体的作用，开展科技伦理治理，降低新兴技术应用可能引发的社会风险。

第二节　重点举措

基于对提升国家创新体系整体效能的策略选择，本节以强化国家战略科技力量、加强国际合作和治理、完善培养评价体系、健全制度供给体系、优化科技创新生态五大重点方向为抓手，凝聚"三个第一"合力，强化"三个第一"耦合互动，进一步深化教育、科技、人才融合发展，全面增强国家创新体系的韧性、张力、活力、弹性和黏度。

一、以强化战略科技力量为引领，提升国家创新体系韧性

战略科技力量代表着国家科技创新主体的中坚力量和顶尖水平，由国家实验室、国家科研机构、高水平研究型大学、科技领军企业等高水平创新主体组成，体现科技作为"第一生产力"的先进水平。以战略科技力量建设为引领，带动产学研等各类创新主体共同发展，是建成高效能国家创新体系的关键，也是国家创新体系韧性的集中体现。战略科技力量能不能"召之即来，来之能战，战之能胜"，是对其意志力、决策力、组织力、承载力、突破力、带动力和影响力的全面检验。党的

二十大报告强调，坚持创新在我国现代化建设全局中的核心地位，并提出"强化国家战略科技力量"。战略科技力量体现国家意志、服务国家需求、代表国家水平，是科技事业发展中多主体高效协同、多要素紧密互动、多机制深度耦合、多功能动态演进的体系化力量，需要从政策集成、资源统筹、保障协同和策略安排的角度出发，进行培育壮大的体系化设计，才能增强其战略引领能力和高水平科技供给能力，持续提升国家创新体系的整体效能。

（一）强化顶层设计

第一，加强党的全面领导。在新发展背景下，战略科技力量肩负多重使命，既要有"咬定青山不放松"的战略定力，在基础前沿的关键领域潜心深耕，开展具有战略纵深的储备性研究；也要有只争朝夕的紧迫感，在事关国家安全和产业兴衰的关键核心技术领域持续攻坚克难；更要有强烈的危机意识，开展有组织、有策略的颠覆性技术创新研究，谋划未来产业发展。全球科技和产业竞争日趋白热化，科技创新中的不确定性、易变性、复杂性、模糊性不断增加，严峻的国际科技合作形势也对我国科技事业发展构成前所未有的挑战。战略科技力量建设要坚持党的全面领导，以习近平新时代中国特色社会主义思想和习近平总书记关于科技创新的系列重要论述为指引，增强对于加快实现高水平自立自强，建成世界科技强国的使命感与忠诚度，坚定"狭路相逢勇者胜"的勇气和意志力。

第二，完善重大决策咨询机制。战略科技力量事关国家科技发展大局，其行动方向具有战略性和基础性，需要有深度洞察、系统思考、全局统筹和快速决断能力来保证。从目标确立和路径选择，到方案制定和任务设计，需要有科学合理的组织和制度保障。首先，要不断完善多方参与的国家重大科技创新决策咨询的体制机制，做到既能明察前沿动态，也能回应现实需求；其次，要注重发挥各领域战略科学家的作用，在科学研究活动密集活跃、突破路径多变的当下，需要相关领域的战略科学家智慧和经验助力作出正确的决策；另外，还要加快科技智库建设，加强关键领域和科技前沿的情报收集、整理和分析工作。

（二）强化组织管理和整体布局

第一，强化重大项目的组织管理。战略科技力量由国家实验室、国家科研机构、高水平研究型大学，以及科技领军企业等组成，这些机构和组织集聚了高浓度的创新要素，承担着高强度的科学研究和技术攻关活动，是科技创新理念、资源和能力的聚合体。但是，在价值取向、能力基础、任务结构、运行方式等方面，这些机构或组织存在显著差别，彼此之间处于"弱链接"的状态。应着力激发这些战略科技力量主体之间的协同意愿，强化联系和互动，增强创新合力，形成面向特定领域的持续突破能力。当前，一要继续组织实施好国家科技重大专项，超前部署前沿技术和颠覆性技术研发，夯实战略性技术储备；二要策划并组织实施战略性科学计划和科学工程，构筑面向未来发展的新优势；三要面向新兴产业集聚发展，加快建设国家产业创新中心等功能性枢纽。

第二，强化整体布局，加强与各类创新体系的互动。战略科技力量是国家创新体系的重要组成部分，有助于国家创新力量和资源的整体优化布局。同时，也可以从中获得人才培养、知识生产、产学研合作、科技服务、数据资源整合、应用场景构建等全方位赋能。正在加快建设的北京、上海、粤港澳大湾区三个国际科技创新中心，北京怀柔、上海张江、安徽合肥、粤港澳、西安五个综合性国家科学中心，147所"双一流"高校、23个国家自主创新示范区、178家国家高新技术开发区，以及45个先进制造业集群，将成为战略科技力量的力量源泉。另外，战略科技力量作为"国家队"，除了贯彻国家重大战略意图外，还要注意与产业创新体系和区域创新体系的密切互动，实现自身建设与产业竞争力提升以及区域高质量发展的相互促进。

（三）加强基础研究能力建设

第一，锻造攻坚"利器"，建立完善支撑科技发展的重要条件平台。重大科技基础设施建设是开展大型复杂科学研究，在前沿领域不断取得科技突破的前提条件，具有工程、科学、技术及应用等综合属性。从决策、预研、规划、建设到运营管理的过程曲折艰巨，但可以推动战略科技力量"突破力"的形成。未来一个时期，一方面要推进国家实验室的布局和建设，构建体现国家使命，能够支撑跨学科、高强度协同创新的研究基地体系。另一方面要加快重组国家重点实验室体系，提升综合性能和运行效率，增强承担国家重大科技攻关任务的能力。

第二，基础研究高质量发展需要强有力的基础力量支撑，需着力推进机构建设、人才引育及组织效能提升。在机构建设方面，一方面，要明确国家实验室、高水平研究型大学、国家科研机构等建制性科技力量作为基础研究主力军的使命和任务分工。同时，通过政策引导和专项支持，解决企业在基础研究领域意愿和能力疲弱的问题，激励企业挺进"爱迪生象限""巴斯德象限"，甚至跃升至"波尔象限"，不仅做好"出题人"和"阅卷人"，还要担当起"答题人"的角色。另一方面，通过强化建制性科技力量的功能保障作用，拓展新型研发机构、高成长性创新型企业等社会创新力量在基础研究领域的作为空间。

第三，在组织效能提升方面，随着基础研究重要性日益凸显和研究范式的持续迭代更新，基础研究的组织化和建制化程度越来越高，应根据任务类型，探索灵活多样的基础研究组织方式。在推进战略导向的体系化基础研究时，应以战略科学家为核心，依托其方向识别力和超强组织力，引领战略科技力量攻坚克难；在开展前沿导向的探索性基础研究时，应发挥高水平研究型大学和国家科研机构的学科、人才、平台优势，以提质增效为导向，寻求自由探索与有组织科研之间的平衡；在实施市场导向的应用型基础研究时，可以凭借科技领军企业的影响力和号召力，推动多元主体形成共同的市场预期，带动创新链和产业链的同频共振。

（四）构建最广泛的科技创新统一战线

第一，充分发挥对各类创新主体的辐射、赋能、带动能力。战略科技力量既要发挥"集中力量办大事"的建制化优势，也要善于结合社会创新力量。淮海战役中，60万解放军战胜80万优势装备的国民党军队，造就了战争史上的奇迹。在华东和中原两大野战军身后，还要看到其他军区部队、地方武装以及 500 多万名支前民工作出的巨大贡献。战略科技力量是科技创新领域"攻城拔寨"的主力军，同样需要科技型中小微企业、新型研发机构、科技型社团、社会公众等社会创新力量的配合和支援。在科技创新复杂性和艰巨性日益提升，科学研究范式和科技创新模式不断迭代更新，逐步趋于社会化、网络化的背景下，战略科技力量可以为社会创新力量的释放提供功能性保障，并发挥辐射、赋能和带动作用；社会创新力可以为战略科技力量提供各种专业化的服务支撑，营造良好创新生态和社会氛围。

第二，放眼世界，从更高水平开放和更具深度的国际科技合作中汲取能量。战略科技力量代表国家参与国际科技合作与竞争，应体现出必要的格局、姿态和张力。今后一个阶段，要重点聚焦规则、规制、制度和标准等领域，体系化推进科技领域的高水平开放，深度参与全球科技治理；要尝试构建层次更加丰富的国际科技合作网络，扩大科技领域的国际朋友圈；要研究设立全球科研基金，依托已建成的大科学装置，策划和组织国际大科学计划，启动国际大科学工程，运筹全球智力资源，主动融入全球创新网络，为科技造福全人类贡献中国智慧和中国力量。

二、以国际科技合作和治理为路径，放大国家创新体系张力

国家创新体系效能的充分激发离不开与全球创新网络的交互。要提升科技作为"第一生产力"的供给质量和供给效率，必须持续加强国际科技创新合作，整合全球科技创新资源，深度参与全球科技治理，掌握在全球科技创新发展中的话语权。

（一）推动国内创新主体积极参与国际科技创新合作

第一，要健全政策和制度的支持引导。一方面，加强国际合作的顶层战略设计。目前大部分国际科技合作通过各类补贴政策和专项项目推动，缺少整体的战略布局和常态化的合作模式。因此，应在增强政策效力的同时，注重战略顶层设计，推动政策性合作向战略性合作转变。另一方面，应加强与国际社会的交流与互动，保持与各国政府的沟通和协调，积极推动科技合作相关领域的规则设计，以前瞻性和战略性为导向开展合作政策设计，避免国际竞争形势瞬息万变而陷入被动，为高校、机构、企业和人才开展国际交流与合作提供有力保障。

第二，鼓励科研机构和科研人才与国外相关机构加强交流与合作。推动国内科研人员积极参与国际学术交流、参加或组织科技论坛和在国际科学组织任职，不断提升我国在全球创新网络中的影响力。鼓励国内科研人员参与并主导国际科技合作，逐步改变过去以跟随、参与为主的科技合作模式，以更加积极、更加自信的姿态在国际科技合作中发挥更大作用，探索通过发起国际大科学计划和国际大科学工程引领国际科技合作，与国际同行协同解决人类社会共同面对的重大科学难题。

第三，着力构建全球科技合作新格局，加强与"一带一路"沿线国家的合作交流。推动本土高校、科研机构、科技型企业走出去，利用中国科技创新优势赋能"一带一路"沿线国家科技发展，打造国际科技合作朋友圈。加强与发达国家的科技交流与合作，鼓励国内学术成果和技术专利"走出去"，以高水平国际合作促进国内科技创新高质量发展，为我国建设科技强国营造良好国际环境。

（二）深度参与全球科技治理，提升我国科技创新的全球影响力

第一，加快制定和完善符合我国国情的参与全球科技治理的模式和机制。在科技创新的内外部环境发生整体性、格局性、历史性变化的当下，为应对后疫情时代逆全球化挑战，应探索建立以问题为导向的双边、多边科技治理机制，聚焦重大疾病防治、生物安全、数字安全、气候变化、人工智能伦理等世界各国共同面对的重大挑战，做出我国对人类命运共同体未来发展的贡献，与国际同行合作制定适应新一代技术变革的治理体系和监管体系。以互利共赢为导向拓展科技治理伙伴关系，重视发展与创新大国间的合作潜力，同时探索与周边国家建立科技创新共同体，协力解决区域性重大科技问题。

第二，积极参与国际技术标准制定。推动和支持国内领军型科技企业牵头整合产业联盟、行业协会力量，联合其他国家的合作伙伴共同参与国际技术标准制定，建立国际科技治理合作网络，提高我国在国际技术标准制定中的参与度和影响力。不断健全国内标准制定机制，强化相关领域专业化服务能力建设，加快与国际标准的接轨，着力降低国内创新主体参与国际技术标准制定的学习成本和转换成本。

第三，积极推动我国人才融入全球科技治理。一方面，做好国际科技组织人才推送。鼓励我国优秀人才主动在国际科技组织中任职。鼓励我国科学家牵头发起全球性创新议题，策划和组织国际大科学计划与国际大科学工程，提高我国在全球科技治理中的贡献度，深度嵌入全球创新网络，从而提升在全球范围内配置和运筹创新资源的能力。协调各方力量和资源，培养熟悉国际规则、惯例和文化的专业人才，加强国际交流服务，提高本土人才对接国际科技组织工作需求的效率和水平。另一方面，支持在我国境内设立国际科技组织及其代表机构，吸引外籍科学家在我国科技组织中任职。营造良好的学术氛围和研究环境，提升我国科研机构的国际公信力。通过推进高校和科研机构国际化进程、改进科技评价、提高政府服务水平等举措持续优化科技创新环境，增进国际顶尖人才对我国科技创新发展的理解和支持。

三、以完善人才培养和评价体系为核心，激发国家创新体系活力

完善的人才培养体系和科技评价体系是激发科技创新主体活力的重要抓手，是提升科技"第一生产力"和人才"第一资源"能级水平的重要保障。应当积极探索人才培养体系和科技评价体系改革的新路径，以激发各层次创新主体和科技人才的创新活力为宗旨，持续优化创新生态。

（一）不断完善科技人才培养和发展体系

第一，完善科教融汇、产教融合、产学研协同相结合的教育体系。首先，加强教育各阶段的科学素质培养，从小引导学生养成批判性思维，激发学生对科学和自然的兴趣，提高学生原始创新能力和探索未知世界的勇气；加大对基础教育的投入和师资力量的培养，不断提升基础教育质量，平衡教育资源分配。其次，应努力营造有利于青年科技人才

成长的环境，设计合理的评价和晋升机制，为人才提供公平的竞争环境和发展机会，打破论资排辈的传统思维框架。最后，加强科教融汇、产教融合、产学研协同的人才培养体系建设。近年来，我国大学数量不断增加，硕士、博士招生规模逐年扩大，然而科教融汇、产教融合的教育模式并未充分推广，效力未得到完全发挥。要通过科技创新功能性平台建设、产教融合载体建设、产学研项目深化等手段，进一步深化面向产业应用和面向国家战略需求的人才培养体系建设。

第二，加快基础研究重点领域战略科学家、领军人才及青年科技人才力量建设。一是"引才"。在加深对全球科技人才流动新规律认识的基础上，依托大科学设施，设立全球科研基金，营造具有国际竞争力的开放创新生态，吸引和集聚一流人才，探索基础研究前沿领域涉及人类命运共同体重大问题的解决方案。二是"育才"。党的二十大报告首次把教育、科技、人才进行"三位一体"的统筹安排和系统部署，为调动大学、科研机构、企业及全社会的积极性，发挥其各自优势，打造体系化、高层次基础研究人才培养平台指明了方向。高水平研究型大学作为人才培养平台的核心，一要改革选拔方式，通过与大学前学段的紧密合作，从早入手，识别和选拔具有培养潜质、敢于"破圈"、愿意在基础研究领域潜心深耕的"种子"选手。二要从横纵两个方向改革培养体系。"横"是推进学科交叉融合和知识传播扩散，尤其是加强信息科学、人工智能等强渗透性前沿学科与基础学科的互动；"纵"是实施"本硕博"贯通培养，保证培养过程的连贯性和稳定性，落实人才培养的战略意图。

（二）深化科技评价改革

第一，建立健全多层次多类型的科技评价体系。首先，探索人才分层评价机制，开展科研项目全生命周期评价，形成更加合理的科研成果评价机制，加快建立以创新价值、能力、贡献为依据的评价机制，形成以成果的实际经济社会影响和科技成果转化绩效为根本导向的人才评价体系。其次，改进项目评价体系，探索弹性评价机制，以"里程碑式＋综合绩效式"模式实施联合攻关等重大科技项目评价，鼓励科研人员面向科学前沿和国家重大需求潜心深耕。此外，着力解决科技资源配置中的结构性问题，加大对战略科技力量的保障性经费支持。最后，鼓励各地方探索"破四唯""破五唯"的新模式和新做法，建立灵活的选人用人机制，鼓励"唯能是举""唯才是举"。

第二，加快完善基础研究评价及激励机制。基础研究需要耐心和容错，在基础研究评价机制设计方面，既要体现宏观层面的战略导向，也要兼顾实施层面的"颗粒度"。譬如，在评价制度改革中，要充分考虑战略导向的体系化基础研究、前沿导向的探索性基础研究、市场导向的应用型基础研究之间的差异性，在评价的范式、体系、机制、方法等方面作出适当的区分。另外，基础研究需要接续前行，虽然研究人员自身要增强"功成不必在我"的意识，但在评价时不能忽略"栽树人"和"挖井人"。基础研究具有复杂性，需要团队配合，在评价时不能"唯马首是瞻"，需要形成有利于有组织科研的评价氛围。

第三，打造科技要素自由流动的创新生态。一方面，要打破行政区划的限制，促进科技要素在区域间自由流动，提高科技资源配置效率，探索建立围绕重大科技发展目标调动科技要素的新型要素配置机制，充分发挥新型举国体制优势。另一方面，加强立法保障，保护企业进入和退出科技或产业园区的合法权益，加强政府服务规范，提高服务质量，增强大局意识，鼓励企业在区域间自由流动，强化区域政策协同和联动。鼓励文化、经济、产业、科技各领域均衡发展，形成区域协同联动的局面，集中力量打造科技创新高地，避免全面铺开式发展，充分发挥各地禀赋和优势。

四、以健全制度供给体系为重点，强化国家创新体系弹性

随着新一代科技革命对现有科技治理体系提出挑战，以及全球化和逆全球化思潮的冲突往复，复杂多变的科技和产业竞争态势对国家创新体系的风险抗压能力和灵活反应能力提出严峻挑战。为应对云谲波诡的内外部形势，应当着力增强国家创新体系的弹性，以健全科技制度供给体系为重点，增强国家创新体系面对内外部冲击的战略应对能力。

（一）推动制度供给体系不断完善

第一，不断完善科技立法，加强对各类创新主体合法权益的保障。首先，加强知识产权保护，建立完善的知识产权保护体系，加强与国际知识产权界的互动交流和标准对接。同时，加强知识产权的宣传和教育，提高公众的知识产权意识和法律意识。其次，加强对科技创新人才的权益维护、职业发展保障和社会保障，激发其积极性和创造力。

第二，进一步健全基础研究制度保障。《中华人民共和国科学技术

进步法》在完成第二次修订后,"基础研究"被置于"总则"之后的第二章,其重要性可见一斑,应从以下几个方面着力推动基础研究制度体系建设。首先,应持续加大投入的制度保障。基础研究往往周期长、投入高、产出不确定,我国的基础研究投入占比仅为6%左右,欧美国家在12%以上,因此,基础研究投入既要补历史欠账,还要迎头赶上。我国基础研究投入中90%以上来自中央财政,亟待转向多元化。除了继续发挥中央财政主渠道作用外,还要逐步完善地方财政支持基础研究发展的制度保障;考虑到基础研究的外部性,可以通过税收优惠、配套资助等方式,调动和激发企业投入和开展基础研究的积极性;通过引导性政策,鼓励更多具有"耐心"和"耐受力"的社会资本进入基础研究领域,设立科学基金,或针对基础研究机构实施社会捐赠。其次,不断完善项目的形成及管理制度。在基础研究方向的选择上,仅凭通常的项目管理经验很可能造成误判,进而导致"资本沉没"和"机会损失"。必须不断深化对基础研究规律的认识,摆脱经验掣肘和路径依赖,探索新的研究方向和项目形成机制。最后,建立健全基础力量协同和基础条件资源开放共享等制度。基础研究需要跨系统、跨部门、跨区域地整合各种力量和资源,应进一步完善沟通、磋商和协调机制,消除理念差异、价值主张分歧、任务结构冲突等引致的问题。基础研究高质量发展的制度保障是一项系统工程,需要自上而下,部门联动,久久为功,方能取得治理成效。

第三,建立科技领域重大危机事件应急机制,增强战略应对能力。

科技领域重大危机事件有各种类型，既有诸如新冠肺炎疫情、俄乌冲突等"黑天鹅"事件，也有类似大国博弈这样的"灰犀牛"事件，需要提前构建敏捷的预警体系，建立重大危机事件发生后应急处置的指挥和保障机制，加强国家战略安全领域技术预见能力，联合各方力量提前部署开展涉及国家安全和国计民生重要领域关键技术的联合攻关，提高化解系统性风险的能力。

（二）将制度供给的"提前量"和"冗余度"纳入顶层设计

在外部形势复杂多变，新一轮科技革命对科学研究范式形成巨大冲击的背景下，应当加强科技制度供给的"提前量"和"冗余度"设计，增强国家创新体系弹性。在全球经济持续下行过程中，加大基础研究投入需要保持战略定力，并适当体现"提前量"和"冗余度"。"提前量"是要在制度供给中强调在战略和时间上抢先一步，在技术预见和制订产业战略规划的基础上，为应对未来可能出现的各种情形提前做好制度设计。这些制度设计可能对当前的科技创新活动无法形成约束和指导，但一旦发生意外能够及时形成应对机制，避免陷入战略被动。"冗余度"是指在制度设计时留出足够的弹性空间，当科技创新活动因外部形势变化或内部需求改变而需要调整时，有足够的制度空间可以作出改变。

首先，应当加快探索数字化转型背景下数字资源交易和数字安全保障的立法和制度设计，为科技活动和科技管理数字化转型提前做好制度供给。推动数字资源快速转化为生产力和创新动力，同时保障数字交易过程中各方主体的合法权益。其次，要充分认识到科技创新是一种集易变性、不确定性、复杂性和模糊性为一体的活动。在科技制度设计中，应当注重对科研创新活动的全过程跟踪和分析，避免用刻板的指标体系评价创新活动成败，允许科研项目根据实际情况变化作出调整。最后，探索灵活多变的科研项目管理模式，充分吸收揭榜挂帅、包干制、赛马制等改革探索的经验，鼓励开展形式更加多样的科研项目管理模式改革探索，以差异化应对复杂多变的科技挑战。

（三）以区域创新协同增强整体应变能力

区域创新协同是直面未来全球科技与产业竞争、提升国家创新体系整体效能的关键举措。区域创新协同不是简单的空间连通和规模叠加，而是通过对接优势资源，促进人才、技术、资本、设施、装备、空间、信息、市场等要素的共享，以思想碰撞、理念互鉴，以及知识生产、制度供给的交流互动，推动创新能力互补，从而激发科技创新的"场效应"。应从设施、制度和生态层面，采取一致行动。

第一，设施统筹。如今，许多地方都有建设大科学设施和功能性平台的热情，加强统筹尤为重要。在规划布局方面，应注重会商协调，聚焦区域共同需求，避免重复建设。建成后，应强化与需求侧的互动，提升服务运营效能。随着科学研究范式和技术突破路径快速迭代演进，应加快区域新型基础设施建设，构建具有数据归集、算法训练、算力调配、保密传输等功能的增强型赋能网络，实现更高能级的物理连通，夯实区域协同创新的物质技术基础。

第二，制度联动。党的二十大报告提出："必须坚持科技是第一生产力、人才是第一资源、创新是第一动力，深入实施科教兴国战略、人才强国战略、创新驱动发展战略，开辟发展新领域新赛道，不断塑造发展新动能新优势。"① 为强化"第一生产力"有效供给，应探索更具深度的合作模式和机制，共同推动特定领域的前沿基础研究；对焦国家战略和打造世界级创新产业集群需求，集中优势力量，实施指向关键核心技术和颠覆性技术研发的区域协同攻关项目。为增强"第一资源"保障能力，应深入推进区域内高校"双一流"建设，探索人才供给的区域统筹和校际联动，满足对于人才的多元需求。破学科之"墙"、实验室之"壁"，深化科教融合和产教融合，让人才在实践中历练成长。为提升"第一动力"转化效率，可通过政策引导和市场培育，加快创业孵化、概念验证、技术中介、成果转化、评估交易、知识产权服务、科技金融等功能性资源集聚，构建区域一体化的科技服务体系。

第三，生态互洽。区域创新协同需要营造超越行政界限的创新生态。2023 年，运行 17 年的世界银行"营商环境"评价，即将被新的"宜商环境"评价所取代。从指标设计看，"宜商环境"更强调为企业的全生命周期发展赋能，避免因过度关注招商引资而产生碎片化治理和逐底竞争。生态互洽应着眼于创新链、产业链、资本链、服务链的耦合互动，推进区域涉企事宜"一网通办"，加快相关政务流程的一体化改造，

① 习近平：《高举中国特色社会主义伟大旗帜　为全面建设社会主义现代化国家而团结奋斗——在中国共产党第二十次全国代表大会上的报告》，中国政府网，https://www.gov.cn/xinwen/2022-10/25/content_5721685.htm，2022 年 10 月 25 日。

通过资本、服务、平台、数据及场景赋能，为创新型企业发展提供更多可能。

区域创新协同是一个渐进的过程，从共情、共识，到共担、共享，再到共建、共治，不断寻求区域创新协同的"最大公约数"，构建完善以服务国家重大战略需求为导向的"目标函数"，从而提升国家创新体系的整体效能。

五、以优化创新生态为基础，增强国家创新体系黏度

随着全球科技人才和资源的竞争日趋激烈，高水平人才的缺口和科技资源的稀缺已经成为许多国家面临的共同问题。创新生态的优化离不开科研软环境建设，科技创新的最基本单元是人才，而科技人才在形成高水平科学素养之前首先是拥有各种爱好和不同文化背景的社会人，开放包容的创新文化对吸引全球科技人才和激发人才创新活力起着至关重要的作用。在过去一段时间的国家创新体系建设中，多元创新文化的塑造并没有得到足够的重视。除此之外，创新生态的优化还离不开硬环境的建设，尤其是科研基础设施建设。

（一）加强科技基础设施建设和运营服务水平

第一，加强科研基础设施建设。一方面，加大科研基础设施的投入力度，提升科研设施建设的水平和质量，为国内外科学家提供一流的科研硬环境。加快重大科研基础设施建设，提高对基础研究、前沿研究、颠覆性技术创新的支撑能力，形成支撑多任务情境的重大科研基础设施体系。另一方面，加强对科研基础设施、仪器设备、基础软件、数据以及学术平台等基础条件保障的统筹规划和合理配置，着力改变基础研究"两头在外"的被动局面。其中，大科学设施是开展高水平基础研究的"重器"，近年来我国加快布局和建设步伐，在建和运行的大科学设施已达57个。接下来一方面要布局新的设施建设，另一方面要着力提升运营服务水平。

第二，着力提升科技服务水平。一方面，加大重大科研基础设施的开放力度，加强对高校、科研院所、科技型企业及跨区域创新主体的服务支撑，建立健全面向外籍科学家的开放制度，提升重大科技基础设施的服务能级。另一方面，健全对科研基础设施服务水平和开放成效的评价体系，以科学评价激励重大科研基础设施赋能科技创新，提升设施的开放设计和运营服务水平，更好服务于高水平基础研究活动。

（二）持续改善基础研究软环境

基础条件建设是基础研究高质量发展的前提，既包括硬条件，也包括软环境。可以从基础学科体系完善、基础研究范式转变两个方面着手，持续改善基础研究软环境。

第一，进一步加强基础学科建设。从人才培养和科学研究的角度看，基础学科是基础研究高质量发展的"工作母机"。在新形势下，基础学科建设面临巨大挑战，必须着力解决对基础前沿发展趋势反应迟滞、对焦国家重大需求不准、学科专业结构不平衡、交叉融合不够充分等问题，通过全面考量和反思，加强顶层设计，进行系统性重塑。教育部等五部门已印发《普通高等教育学科专业设置调整优化改革方案》，提出高校学科专业布点的优化调整目标。对于基础学科而言，除了学科专业调整之外，还要精准研判基础学科发展新趋势，在课程体系、教学模式、实验条件、实践环节、教材、师资队伍等方面作出变革响应。

第二，密切关注基础研究范式的变化，做好前瞻性部署。随着相关技术日臻成熟，人工智能驱动的科学研究（AI for Science）初露锋芒。科技部已启动专项，着手布局，推进相关的 AI 模式及算法更新，发展指向典型科研领域的专用平台，着力增强 AI 驱动的科学研究计算基础条件支撑。未来科技发展变幻莫测，基础研究范式还将发生诸多深刻变化，不妨重点关注驱动力和支撑条件的变化，做好相应的思想准备和工作准备。

参考文献

《毛泽东文集》第 2 卷，人民出版社 1993 年版，第 269—270 页。

《毛泽东文集》第 6 卷，人民出版社 1999 年版，第 316 页。

《毛泽东文集》第 8 卷，人民出版社 1999 年版，第 351 页。

《邓小平文选》第 2 卷，人民出版社 1983 年版，第 87、95 页。

《邓小平文选》第 3 卷，人民出版社 1993 年版，第 274 页。

《江泽民文选》第 3 卷，人民出版社 2006 年版，第 319 页。

胡锦涛：《高举中国特色社会主义伟大旗帜　为夺取全面建设小康社会新胜利而奋斗——在中国共产党第十七次全国代表大会上的报告》，中国政府网，https://www.gov.cn/govweb/ldhd/2007-10/24/content_785431.htm，2007 年 10 月 15 日。

习近平：《当前经济工作的几个重大问题》，《求是》，中国政府网，https://www.gov.cn/xinwen/2023-02/15/content_5741611.htm，2023 年 2 月 15 日。

习近平：《高举中国特色社会主义伟大旗帜　为全面建设社会

主义现代化国家而团结奋斗——在中国共产党第二十次全国代表大会上的报告》，中国政府网，https://www.gov.cn/xinwen/2022-10/25/content_5721685.htm，2022年10月25日。

习近平：《加快建设科技强国　实现高水平科技自立自强》，《求是》2022年第9期。

习近平：《在科学家座谈会上的讲话》，转引自新华社，http://www.qstheory.cn/yaowen/2020-09/11/c_1126484063.htm，2020年9月11日。

习近平：《为建设世界科技强国而奋斗》，共产党员网，https://news.12371.cn/2016/05/31/ARTI1464698194635743.shtml?from=singlemessage，2016年5月30日。

习近平：《在党的十八届五中全会第二次全体会议上的讲话（节选）》，中国共产党新闻网，http://cpc.people.com.cn/n1/2016/0101/c64094-28002398.html，2016年1月1日。

习近平：《坚持总体国家安全观　走中国特色国家安全道路》，新华网，http://www.xinhuanet.com//politics/2014-04/15/c_1110253910.htm，2014年4月15日。

习近平：《在中科院第十七次院士大会、工程院第十二次院士大会上的讲话》，中国政府网，https://www.gov.cn/xinwen/2014-06/09/content_2697437.htm，2014年6月9日。

《中共中央　国务院　关于实施科技规划纲要　增强自主创新能力的决定》，中国政府网，https://www.gov.cn/gongbao/content/2006/

content_240241.htm，2006 年 1 月 26 日。

《中央全面深化改革领导小组第二十七次会议召开》，中国政府网，https://www.gov.cn/xinwen/2016-08/30/content_5103650.htm，2016 年 8 月 30 日。

国务院：《国务院办公厅关于深化产教融合的若干意见》，中国政府网，https://www.gov.cn/zhengce/content/2017-12/19/content_5248564.htm，2017 年 12 月 19 日。

国务院：《国家中长期科学和技术发展规划纲要（2006—2020 年）》，中国政府网，https://www.gov.cn/jrzg/2006-02/09/content_183787.htm，2006 年 2 月 9 日。

《中华人民共和国国民经济和社会发展第十三个五年规划纲要》，中国政府网，https://www.gov.cn/xinwen/2016-03/17/content_5054992.htm，2016 年 3 月 17 日。

新华社：《国务院总理温家宝：让科技引领中国可持续发展》，中国政府网，https://www.gov.cn/ldhd/2009-11/23/content_1471208.htm，2009 年 11 月 23 日。

新华社：《新时代的中国国防》，中国政府网，http://www.gov.cn/zhengce/2019-07/24/content_5414325.htm，2019 年 7 月 24 日。

新华社：《中共中央　国务院印发〈国家创新驱动发展战略纲要〉》，《中华人民共和国国务院公报》2016 年第 15 期。

中国国际经济交流中心：《〈可持续发展蓝皮书：中国可持续发展

评价报告（2021）〉在京发布》，中国国际经济交流中心官网，http://www.cciee.org.cn/Detail.aspx?newsId=19539&TId=8，2021 年 12 月 24 日。

国家开发银行课题组：《支持创新的金融体系和政策建议》，《保险研究》2018 年第 6 期。

教育部：《高等学校"十三五"科学和技术发展规划》，中华人民共和国教育部，http://www.moe.gov.cn/srcsite/A16/moe_784/201612/t20161219_292387.html，2016 年 11 月 18 日。

规划司：《加快国防和军队现代化》，中华人民共和国国家发展和改革委员会，https://www.ndrc.gov.cn/fggz/fzzlgh/gjfzgh/202112/t20211225_1309729.html?code=&state=123，2021 年 12 月 25 日。

《中国统计年鉴 2001》，中国统计出版社 2001 年版，第 96 页。

白春礼：《改革开放四十年　中国科技创新的发展之路》，《中国科技奖励》2018 年第 12 期。

白春礼：《加强科技创新　促进可持续发展》，《人民日报》，国家能源局，http://www.nea.gov.cn/2012-06/21/c_131667897.htm，2012 年 6 月 21 日。

白庆华、赵豪迈、申剑、刘云兵、张希胜：《产学研合作法律与政策瓶颈问题分析》，《科学学研究》2007 年第 1 期。

曹茜芮、冯运卿：《借鉴德国经验推动我国中小企业创新发展》，《机械工业标准化与质量》2019 年第 6 期。

曾津：《中国"新基建"与美国"信息高速公路计划"及其比较研

究》，《新经济》2020 年第 12 期。

曾婧婧、黄桂花、颜宇攀：《"揭榜挂帅"中"榜"与"帅"特征及其匹配性》，《科学学研究》2022 年 10 月 8 日。

常旭华、仲东亭：《国家实验室及其重大科技基础设施的管理体系分析》，《中国软科学》2021 年第 6 期。

陈芳、万劲波、周城雄：《国家创新体系：转型、建设与治理思路》，《科技导报》2020 年第 38 期。

陈光：《日本科技规划的实施机制分析与经验借鉴——基于对第 1 期至第 6 期〈科技基本计划〉历史演进的梳理》，《科学学与科学技术管理》2022 年第 2 期。

陈佳、孔令瑶：《德国高技术战略的制定实施过程及启示》，《全球科技经济瞭望》2019 年第 3 期。

陈建辉：《创新中国——〈国家中长期科学和技术发展规划纲要（2006—2020 年）〉出台始末》，《经济日报》2019 年 1 月 16 日。

陈劲、尹西明：《建设新型国家创新生态系统加速国企创新发展》，《科学学与科学技术管理》2018 年第 11 期。

陈劲：《关于构建新型国家创新体系的思考》，《中国科学院院刊》2018 年第 33 期。

陈强、沈天添：《中国科技创新政策体系演变研究——基于 1978—2020 年 157 份政策文本的量化分析》，《中国科技论坛》2022 年第 12 期。

陈强、夏星灿：《建制性科技力量与社会创新力量融合：美国和德国的经验及启示》,《创新科技》2023 年第 23 期。

陈强:《德国科技创新体系的治理特征及实践启示》,《社会科学》2015 年第 8 期。

陈山枝:《关于低轨卫星通信的分析及我国的发展建议》,《电信科学》2020 年第 36 期。

陈晓东:《技术引进需把握三个重要问题》,《经济日报》2019 年 3 月 21 日。

程建平、陈丽、郑永和、张剑:《新时代国家自然科学基金在国家创新体系中的战略定位》,《中国科学院院刊》2021 年第 12 期。

崔鑫、郭惠、王颖:《新时代政产学研的耦合机制与创新驱动》,《科技和产业》2021 年第 8 期。

邓雨亭、李黎明:《面向国家创新体系的专利保护强度影响因素研究》,《科学学研究》2021 年第 7 期。

董军社:《科教融合:中国科学院大学的特色办学路》,《中国新闻发布》(实务版)2022 年第 1 期。

樊春良、樊天:《国家创新系统观的产生与发展——思想演进与政策应用》,《科学学与科学技术管理》2020 年第 5 期。

樊春良:《对外开放和国际合作是如何帮助中国科学进步的》,《科学学与科学技术管理》2018 年第 9 期。

樊春良:《面向科技自立自强的国家创新体系建设》,《当代中国与世界》2022 年第 3 期。

樊吉社：《中美战略竞争的风险与管控路径》，《南开学报：哲学社会科学版》2021年第5期。

范蓉：《产学研合作对企业技术创新能力的影响：运行机制与作用机理》，《天津中德应用技术大学学报》2023年第1期。

方晓东、董瑜：《法国国家创新体系的演化历程、特点及启示》，《世界科技研究与发展》2021年第5期。

冯粲、童杨、闫金定：《美国国家实验室发展经验对中国强化国家战略科技力量的启示》，《科技导报》2022年第16期。

冯泽、陈凯华、陈光：《国家创新体系研究在中国：演化与未来展望》，《科学学研究》2021年第9期。

冯泽、陈凯华、冯卓：《国家创新体系效能的系统性分析：生成机制与影响因素》，《科研管理》2023年第3期。

高峰、郭海轩：《科技创新政策滞后概念模型研究》，《科技进步与对策》2014年第31期。

高旭东：《健全新型举国体制的基本思路与主要措施》，《人民论坛·学术前沿》2023年第1期。

谷兴荣：《科技进步与社会平等的U型发展规律探讨》，《自然辩证法研究》2005年第2期。

顾建平、李建强、陈鹏：《美国国家标准与技术研究院的发展经验及启示》，《中国高校科技》2013年第10期。

郭淡泊、雷家辅、张俊芳等：《国家创新体系效率及影响因素研究——基于 DEA—Tobit 两步法的分析》,《清华大学学报》(哲学社会科学版) 2012 年第 2 期。

郭菊娥、王梦迪、冷奥琳:《企业布局搭建创新联合体重塑创新生态的机理与路径研究》,《西安交通大学学报》(社会科学版) 2022 年第 1 期。

郭铁成:《建设引领型的国家创新体系》,《中国科技论坛》2018 年第 9 期。

郭哲、王晓阳:《美国的人才吸引战略及其启示》,《科技管理研究》2019 年第 23 期。

何丽君:《中国建设世界重要人才中心和创新高地的路径选择》,《上海交通大学学报》(哲学社会科学版) 2022 年第 4 期。

贺德方、汤富强、陈涛、罗仙凤、杨芳娟:《国家创新体系的发展演进分析与若干思考》,《中国科学院院刊》2023 年第 2 期。

洪志生、孙颖、洪月苇、周城雄:《基于国家战略科技力量培养战略科学家的思考与展望》,《中国科技人才》2022 年第 4 期。

胡万山:《产教融合视域下国外应用型大学课程建设的经验与启示——以德、英、美、澳为例》,《成人教育》2023 年第 43 期。

胡志坚、冯楚健:《国外促进科技进步与创新的有关政策》,《科技进步与对策》2006 年第 1 期。

扈广法:《科技创新要遵从一定规律》,《西部大开发》,2016 年第 9 期。

黄奇帆：《数字经济时代，算力是国家与国家之间竞争的核心竞争力》，《中国经济周刊》2020年第21期。

黄润秋：《国务院关于2020年度环境状况和环境保护目标完成情况、研究处理土壤污染防治法执法检查报告及审议意见情况、依法打好污染防治攻坚战工作情况的报告》，中国人大网，http://www.npc.gov.cn/npc/c30834/202104/3686107825e44b5d9d735ee05a580837.shtml，2021年4月29日。

霍国庆：《科技成果转化的两种基本模式》，《智库理论与实践》2022年第5期。

吉昱华、杨克泉、马松：《跨国公司技术转移与中国技术进步——从"以市场换技术"到"以市场培育技术"的转变》，《重庆社会科学》2006年第4期。

贾建锋、赵若男、朱珠：《高校创新创业教育生态系统的构建——基于美国、英国、日本高校的多案例研究》，《管理案例研究与评论》2021年第14期。

金怀玉、菅利荣：《考虑滞后效应的我国区域科技创新效率及影响因素分析》，《系统工程》2013年第31期。

金晶：《欧盟的规则，全球的标准？数据跨境流动监管的"逐顶竞争"》，《中外法学》2023年第1期。

巨文忠、张淑慧、赵成伟：《国家创新体系与区域创新体系的区别与联系》，《科技中国》2022年第3期。

蓝庆新:《中国应对西方国家高技术封锁的历史经验》,《人民论坛》2019 年第 16 期。

雷丽芳、潜伟、吕科伟:《科技举国体制的内涵与模式》,《科学学研究》2020 年第 11 期。

李勃昕、韩先锋:《新时代下对中国创新绩效的再思考——基于国家创新体系的"金字塔"结构分析》,《经济学家》2018 年第 10 期。

李德丽、刘立意:《"科教产教"双融合拔尖创新人才培养逻辑与范式改革——基于创新创业实验室的探索》,《高等工程教育研究》2023 年第 1 期。

李冬琴:《中国科技创新政策协同演变及其效果:2006—2018》,《科研管理》2022 年第 43 期。

李纪珍:《构建自主可控的国家开放创新体系》,《中国科技论坛》2018 年第 9 期。

李强、余吉安:《日韩国家创新体系研究及我国的启示》,《科学管理研究》2017 年第 3 期。

李群:《加紧培养造就自主创新人才》,《中国科技论坛》2018 年第 9 期。

李万、常静、王敏杰、朱学彦、金爱民:《创新 3.0 与创新生态系统》,《科学学研究》2014 年第 32 期。

李学成:《科技创新人才可持续发展的规律性认知研究》,《创新科技》2019 年第 19 期。

李雨晨、陈凯华:《面向创新链的国家创新力测度体系构建研究——多维创新指数的视角》,《科学学与科学技术管理》2019年第11期。

李哲:《借鉴国家创新体系建设的国际经验》,《中国科技论坛》2018年第9期。

李哲:《科技创新政策的热点及思考》,《科学学研究》2017年第35期。

梁正:《从科技政策到科技与创新政策——创新驱动发展战略下的政策范式转型与思考》,《科学学研究》2017年第2期。

刘建华、苏敬勤、姜照华:《基于DSGE模型的中国国家创新体系发展的仿真与预测》,《系统管理学报》2016年第5期。

刘贤伟、马永红:《高校与科研院所联合培养研究生的合作方式研究——基于战略联盟的视角》,《研究生教育研究》2015年第2期。

刘笑、揭永琴、胡雯:《颠覆性创新的概念嬗变、边界拓展与未来研究展望》,《创新科技》2023年第3期。

刘云、黄雨歆、叶选挺:《基于政策工具视角的中国国家创新体系国际化政策量化分析》,《科研管理》2017年第1期。

刘云、张孟亚、翟晓荣、杨亚宇:《国家创新体系国际化政策协同关系研究》,《中国科技论坛》2022年第3期。

柳卸林、丁雪辰、高雨辰:《从创新生态系统看中国如何建成世界科技强国》,《科学学与科学技术管理》2018年第3期。

路甬祥：《科技原始创新的案例和规律》，《科技创新导报》2014 年第 11 期。

路甬祥：《走中国特色自主创新之路建设创新型国家》，《中国科学院院刊》2006 年第 5 期。

罗军、侯小星、陈之瑶：《央地联动发挥新型举国体制优势开展关键核心技术攻关研究》，《科技管理研究》2021 年第 23 期。

罗雪英、蔡雪雄：《日本国家创新体系的构建与启示——基于科技—产业—经济互动关系的分析》，《现代日本经济》2021 年第 1 期。

骆大进：《建设区域创新体系　打造高水平"创新极"》，《中国科技论坛》2018 年第 9 期。

雒建斌：《国际人才流动规律须遵循》，《光明日报》2014 年 10 月 18 日。

吕薇、马名杰、戴建军、熊鸿儒：《转型期我国创新发展的现状、问题及政策建议》，《中国软科学》2018 年第 3 期。

吕薇：《把科技自立自强作为国家发展战略支撑》，《经济日报》2020 年 12 月 1 日。

吕瑶、刘洪钟：《波匈捷国家创新体系国际化模式及与中国的比较》，《工业技术经济》2018 年第 9 期。

马名杰：《新时期国家创新体系建设重在解决三大核心问题》，《中国科技论坛》2018 年第 9 期。

马茹、王宏伟、罗晖：《中国科技创新力量布局现状研究》，《科学管理研究》2019年第3期。

孟溦、宋娇娇：《新型研发机构绩效评估研究——基于资源依赖和社会影响力的双重视角》,《科研管理》2019年第8期。

孟艳：《〈斯坦福大学2025〉计划：高等教育人才培养模式的革命式变革》,《现代教育管理》2019年第11期。

穆荣平、樊永刚、文皓：《中国创新发展：迈向世界科技强国之路》,《中国科学院院刊》2017年第32期。

倪好、田京：《构建国家创新体系：柬埔寨高校的角色与挑战》,《比较教育研究》2017年第7期。

潘冬晓、吴杨：《美国科技创新制度安排的历史演进及经验启示——基于国家创新系统理论的视角》,《北京工业大学学报》(社会科学版)2019年第3期。

潘教峰、刘益东、陈光华：《世界科技中心转移的钻石模型——基于经济繁荣、思想解放、教育兴盛、政府支持、科技革命的历史分析与前瞻》,《中国科学院院刊》2019年第34期。

秦洁、王亚：《科技中介机构在科技成果转化中的定位》,《中国高校科技》2015年第4期。

屈宝强、彭洁、赵伟：《我国科技人才信息管理的现状及发展》,《科技管理研究》2016年第10期。

荣俊美、陈强、王倩倩、邢窈窈：《新形势下科技创新治理的规律认识》,《科学管理研究》2023年第41期。

尚智丛:《关于当代中国科技人才成长规律的几点认识》,《今日科苑》2016 年第 11 期。

尚智丛:《中国科学院中青年杰出科技人才的年龄特征》,《科学学研究》2007 年第 2 期。

邵莹莹:《我国产学研合作中高校知识产权保护问题及对策研究》,河北大学博士学位论文 2020 年。

沈桂龙:《美国创新体系:基本框架、主要特征与经验启示》,《社会科学》2015 年第 8 期。

沈洁、莫琦、谢雯:《匹配、融合、共生:美国卓越本科工程教育产教融合的改革实践——基于工程顶峰课程的案例研究》,《江苏高教》2021 年第 12 期。

宋刚、唐蔷、陈锐、纪阳:《复杂性科学视野下的科技创新》,《科学对社会的影响》2008 年第 2 期。

宋砚秋、胡军、齐永欣:《创新价值转化时滞效应模型构建及实证研究》,《科研管理》2022 年第 43 期。

苏继成、李红娟:《新发展格局下深化科技体制改革的思路与对策研究》,《宏观经济研究》2021 年第 7 期。

孙祁祥、周新发:《科技创新与经济高质量发展》,《北京大学学报》(哲学社会科学版)2020 年第 57 期。

汤薪玉、李湘黔:《新时代国防科技工业治理的体系框架与实现路径》,《科学管理研究》2021 年第 39 期。

童卫丰、张璐、施俊庆：《利益与合力：基于利益相关者理论的产教融合及其实施路径》，《教育发展研究》2022 年第 7 期。

万刚：《中国专利授权量居世界第三 但缺乏技术创新》，光明网，http://news.cntv.cn/20120320/103490.shtml，2012 年 3 月 20 日。

万钢：《点燃大众创新创业火炬 打造新常态下经济发展新引擎》，《科技日报》2015 年 3 月 27 日。

王美、曲铁华：《我国高等教育政策的历史演进、现实困境与疏解策略》，《教育科学》2021 年第 2 期。

王明卿、王玲、王海燕：《美国联邦政府数据中心建设经验及对我国的启示》，《全球科技经济瞭望》2022 年第 10 期。

王钦：《健全新型举国体制（思想纵横）》，《人民日报》2022 年 12 月 8 日。

王胜华：《英国国家创新体系建设：经验与启示》，《财政科学》2021 年第 6 期。

王守文、覃若兰、赵敏：《基于中央、地方与高校三方协同的科技成果转化路径研究》，《中国软科学》2023 年第 2 期。

王溯、任真、胡智慧：《科技发展战略视角下的日本国家创新体系》，《中国科技论坛》2021 年第 4 期。

王一然、徐文琪、张丽华：《高等教育、科技创新能力与区域经济的互动机理及耦合策略》，《国家教育行政学院学报》2023 年第 3 期。

王寅秋、罗晖、李正风:《基于系统辨识的全球科技领军人才流动网络化模型研究》,《系统工程理论与实践》2019 年第 39 期。

王媛、周诗雯、吴杨:《美日科研资助机构的产学研资助计划及对我国的启示》,《创新科技》2022 年第 6 期。

王志刚:《坚持"四个面向"的战略方向　开启建设世界科技强国新征程》,《旗帜》2020 年第 10 期。

温珂、蔡长塔、潘韬、吕佳龄:《国立科研机构的建制化演进及发展趋势》,《中国科学院院刊》2019 年第 1 期。

温珂、刘意、潘韬等:《公立科研机构在国家创新系统中的角色研究》,《科学学研究》2023 年第 2 期。

吴朝晖:《强化高水平大学的基础研究主力军作用　为建设世界科技强国提供基础性战略性支撑》,《科教发展研究》2022 年第 4 期。

吴小林:《构建新时代产教融合平台　推动教育科技人才全面贯通》,《中国高等教育》2022 年第 24 期。

吴欣桐、梅亮、陈劲:《建构"整合式创新":来自中国高铁的启示》,《科学学与科学技术管理》2020 年第 41 期。

武荔涵:《教学与科研相融合:高校发展的战略选择》,《教书育人》2012 年第 8 期。

武彦、余丽芳:《习近平新时代科技创新重要论述的人民性特征研究》,《齐齐哈尔大学学报》(哲学社会科学版)2022 年第 12 期。

物联网智库:《美成立半导体联盟欲"围堵"中国,想延续 30

年前战胜日本的策略?》，雪球网，https://xueqiu.com/2596166299/180619242，2021 年 5 月 23 日。

向小薇、周建中：《科教融合培养创新人才的实践、问题与建议》，《中国教育学刊》2022 年第 10 期。

肖尤丹：《外资机构参与美国联邦公共科技项目机制研究》，《研究与发展管理》2013 年第 6 期。

胥和平：《全球变局与创新深化》，《安徽科技》2020 年第 1 期。

徐冠华：《充分发挥高等学校的重要作用　大力推进科技创新和产业化》，《中国高等教育》2003 年第 23 期。

徐建培：《中国创新政策近 5000 种存在"政策拥挤"现象》，《第一财经日报》，https://www.yicai.com/news/3065301.html，2013 年 10 月 28 日。

徐艳茹、刘继安、解壁伟、余子濠、包云岗：《科教融合培养关键核心技术人才的理路与机制——OOICCI 芯片人才培养方案解析》，《高等工程教育研究》2023 年第 1 期。

徐占忱：《全球科技创新态势与中国应对》，《国际经济分析与展望（2017～2018）》2018 年。

许可、郑宜帆：《中国共产党领导科技创新的百年历程、经验与展望》，《经济与管理评论》2021 年第 37 期。

薛盈弟：《美国大学产学合作运行机制研究》，东北师范大学博士学位论文 2013 年。

杨晶、李哲：《试论数字化转型对科研组织模式的影响》,《自然辩证法研究》2020 年第 36 期。

杨庆峰：《瑞典创新模式的历史特征分析》,《社会科学》2015 年第 8 期。

杨书卷：《世界科技社团在国家创新体系中的作用》,《科技导报》2022 年第 5 期。

叶传盛、陈传明：《产学研协同、知识吸收能力与企业创新绩效》,《科技管理研究》2022 年第 3 期。

易比一：《加快推进国防科技创新》,求是网,http://www.qstheory.cn/qshyjx/2021-09/10/c_1127847002.htm,2021 年 9 月 10 日。

易丽丽：《发达国家人才吸引政策新趋势及启示》,《国家行政学院学报》2016 年第 3 期。

尹志欣、朱姝、由雷：《我国顶尖人才的国际比较与需求研究》,《全球科技经济瞭望》2018 年第 8 期。

于成丽、胡万里、刘阳：《美国发布新版〈国家人工智能研究与发展战略计划〉》,《保密科学技术》2019 年第 9 期。

余江、陈凤、方元欣：《面向世界科技强国建设的科教融合新体系初探》,《科教发展研究》2022 年第 3 期。

余江、陈凤、张越、刘瑞：《铸造强国重器：关键核心技术突破的规律探索与体系构建》,《中国科学院院刊》2019 年第 34 期。

俞立平、熊德平：《财政科技投入对经济贡献的动态综合估计》,

《科学学研究》2011 年第 29 期。

袁传思、袁俪欣：《英美德日科技创新发展特点及启示》，《中国高校科技》2019 年第 S1 期。

袁立科、孙福全：《德国建设世界科技强国的经验及启示》，《科技中国》2021 年第 5 期。

岳昆、房超：《地方政府支持国家实验室建设的策略研究——基于治理现代化视角》，《科学学研究》2022 年第 8 期。

臧雷振：《政府治理效能如何促进国家创新能力：全球面板数据的实证分析》，《中国行政管理》2019 年第 1 期。

张凤娟、徐甜甜、宣勇：《以色列高等教育在国家创新体系中的作用及启示》，《教育评论》2020 年第 11 期。

张冠男：《"科学技术是第一生产力"的历史轨迹》，《黑龙江史志》2013 年第 15 期。

张俊芳、雷家骕：《国家创新体系研究：理论与政策并行》，《科研管理》2009 年第 4 期。

张敏谦：《跨世纪的蓝图——美国"信息高速公路"计划评析》，《世界知识》1994 年第 3 期。

张倩红、刘洪洁：《国家创新体系：以色列经验及其对中国的启示》，《西亚非洲》2017 年第 3 期。

张炜：《科教融合的发展演变与分层治理》，《科教发展研究》2023 年第 3 期。

张瑜、张诚：《跨国企业在华研发活动对我国企业创新的影响——基于我国制造业行业的实证研究》，《金融研究》2011 年第 11 期。

赵彬彬、陈凯华：《需求导向科技创新治理与国家创新体系效能》，《科研管理》2023 年第 44 期。

赵建生：《论我国大学知识创新链的中断及其应对策略》，《现代管理科学》2010 年第 3 期。

赵胜超、曾德明、罗侦：《产学研科学与技术合作对企业创新的影响研究——基于数量与质量视角》，《科学学与科学技术管理》2020 年第 1 期。

郑楚华、赵筱媛、张贵兰、郑雯雯、王运红：《科技人才数据库系统建设现状及对策建议》，《科技管理研究》2022 年第 4 期。

郑江淮、章激扬、陈俊杰：《发达国家创新治理体系的历史演变、新趋势及对我国的启示》，《国外社会科学》2020 年第 5 期。

郑丽平：《加快实现高水平的自立自强》，《经济日报》2021 年 2 月 19 日。

郑巧英、王辉耀、李正风：《全球科技人才流动形式、发展动态及对我国的启示》，《科技进步与对策》2014 年第 31 期。

钟少颖：《从创新规律看当前中国科技创新的政策取向》，《学习时报》2018 年 9 月 19 日。

周光礼、姚蕊：《有组织科研：美国科教政策变革新趋势——基于〈无尽的前沿：未来 75 年的科学〉的分析》，《清华大学教育研究》2023

年第 44 期。

周绍森、胡德龙：《科技进步对经济增长贡献率研究》，《中国软科学》2010 年第 2 期。

周鑫、戴亮：《高质量教育体系的系统工程性之辨》，《东北大学学报》（社会科学版）2022 年第 6 期。

周艳、赵黎明：《典型国家的创新体系比较研究》，《天津大学学报》（社会科学版）2020 年第 6 期。

朱春奎：《科技创新新型举国体制的多重制度逻辑与发展路径》，《求索》2023 年第 1 期。

朱明明、万文涛：《中美创新人才成长规律比较分析研究》，《西南民族大学学报》（人文社科版）2017 年第 38 期。

朱亚宗：《科技规律·科技经济·科技管理——谷兴荣〈科学技术发展的数学原理〉与〈科学技术研究业经济学原理〉的原创性理论述评》，《科学学研究》2007 年第 1 期。

朱英、郑晓齐、章琰：《中国科技创新人才的流动规律分析——基于国家"万人计划"科技创新领军人才的实证研究》，《中国科技论坛》2020 年第 3 期。

庄西真：《产教融合的价值意蕴和推进举措》，《教育发展研究》2021 年第 19 期。

《论人才——重要论述摘编》，党建读物出版社、中央文献出版社2012 年版，第 8 页。

Latif I., Misawa S., and Zaytsev, "A Construction of a new Data Center at BNL", *The European Physical Journal Conferences*, Vol.245, No.1, 2020.

Ning Wang and John Hagedoorn, "The Lag Structure of the Relationship between Patenting and Internal R&D Revisited", *Research Policy*, Vol.8, No.43, 2014.

Sørensen M. P. Ulrich Beck: "Exploring and Contesting Risk", *Journal of Risk Research*, Vol.1, No.21, 2018.

图书在版编目(CIP)数据

以"三个第一"统筹国家创新体系效能提升/陈强
等著.—上海:上海人民出版社,2023
ISBN 978-7-208-18602-6

Ⅰ.①以⋯ Ⅱ.①陈⋯ Ⅲ.①国家创新系统-研究-
中国 Ⅳ.①F204

中国国家版本馆 CIP 数据核字(2023)第 197337 号

责任编辑 项仁波
封面设计 汪 昊

以"三个第一"统筹国家创新体系效能提升
陈 强 等 著

出　　版　上海人民出版社
　　　　　（201101　上海市闵行区号景路 159 弄 C 座）
发　　行　上海人民出版社发行中心
印　　刷　上海新华印刷有限公司
开　　本　787×1092　1/16
印　　张　15.5
插　　页　2
字　　数　157,000
版　　次　2023 年 11 月第 1 版
印　　次　2023 年 11 月第 1 次印刷
ISBN 978-7-208-18602-6/F・2851
定　　价　70.00 元